U0136980

小屯南地甲骨選讀

朱歧祥 著

臺灣 學生書局 印行

序

　　早自 1928 年，中央研究院歷史語言研究所在河南安陽小屯村殷墟進行連續近十年 15 次的科學挖掘，掀開了中國近代學術正式落實「科學整理國故」的時期，也代表著一鏟子一鏟子出土的地下文物，從此成為研治古代歷史文明的重要參證。殷墟甲骨坑的考古發掘，主要有三大宗：一是在 1936 年 6 月中研院歷史語言所進行第 13 次發掘小屯村北的 YH127 坑，出土字甲 17756 片、字骨 48 片；參見中研院歷史語言所編的《殷虛文字甲編》和《殷虛文字乙編》，主要綴合整理又見於張秉權編著的《殷虛文字丙編》。二是 1973 年 3 月安陽考古工作隊兩次發掘的小屯村村南甲骨，出土字甲 70 片、字骨 4959 片、牛肋條 4 片；參見中國社會科學院考古所編的《小屯南地甲骨》。三是 1991 年 10 月安陽考古工作隊在離小屯南地東南不遠處的花園莊東地發現甲骨，出土字甲 684 片、字骨 5 片；參見中國社會科學院考古所編的《殷墟花園莊東地甲骨》。過去我曾經撰寫《殷墟花園莊東地甲骨讀本》（萬卷樓出版）、《殷虛文字丙編選讀》（學生書局出版），再加上這一本《小屯南地甲骨選讀》，算是提供了近世主要甲骨出土的一份完整導讀。三份書稿的釋讀內容可以相互參看。

　　《小屯南地甲骨選讀》（簡稱《選讀》）每版甲骨的敘述方式，先羅列相關卜辭的釋文內容，再用按語說解卜辭中特別的字、詞、句型、行款、辭和辭順讀關係、甲骨刻寫的大致時間。《選讀》是以推廣甲骨文的正確知識為目的，方便初入門的朋友了解中國文字的源頭、字形和字用，從而對民族文化生敬愛之溫情。書中挑選甲骨卜辭的標準，是以簡易、具代表性、較大塊的甲骨版面為原則，一些困難、模糊不清的句例或碎片盡可能不收錄，按語說明部份亦盡量以淺易文字表達研究成果，不處理艱澀的考據問題。至於有志於研契的朋友，希望可以此書稿為基礎，進一步審核《小屯南地甲骨》原拓每一版甲骨的內容，以資歸納和全面參證。

　　1973 年安陽工作隊先後在小屯村村南公路轉彎處進行了兩次發掘，連接的開採矩形探方共五排21個，發掘面積430平方米。根據《小屯南地甲骨》（簡稱《屯南》）甲骨整理者的統計，發現有刻辭甲骨 5041 片（綴合前），其中有卜甲 70 片、卜骨4959 片、牛肋條 4 片、未加工骨料8 片。1980 年出版《小屯南地甲骨》，拓片順序號共收 4589 片。甲骨的出土，主要見於儲存坑、廢棄坑、人殉坑和骨料

坑四種類型：

一、儲存坑。如 H17、H24、H57、H103 坑。這是一批有意識儲存的灰坑，坑中集中堆疊甲骨。坑作橢圓形，坑壁較直，但坑底並不平整，呈東西高中間略低的狀態。殷人是先將坑穴挖好，在底部置放鬲、簋、盆、罐等陶器若干，然後將較大的卜骨不規則的（H17）或繞坑壁的（H103）堆放，繼而將較小的卜骨放置在最上層，一直堆至坑口，最後，再用較硬的灰土、黃土回填疊壓而成。

二、廢棄坑。如 H2 坑。有把卜甲、卜骨碎片和陶器碎片、木炭碎塊、豬下顎骨等生活殘餘物一起混雜傾倒入坑中。坑內物呈北高南低的狀態，最後再回填灰土、黃土。坑口上距地表有一米之遙。

三、人殉坑。如 H23、H50。坑屬長方形，坑深達十米，底部平整。卜骨較大，零星的分佈，坑中有完整的人骨架作屈身屈肢側臥、狗骨架、馬腿骨、人頭骨、人腿骨，並混雜有其他獸骨、陶鬲、陶罐。坑上用灰土、黃土回填。坑穴的功能仍待評估，原釋文謂「估計是當時的水井」；備參。

四、骨料坑。如 H99。坑呈圓形，出土未經加工的牛肩胛骨、牛肋骨，並有卜骨、卜甲和未經整治且保留骨臼的骨料刻辭，文字多為習刻。坑用灰土回填。

《屯南》整理者在書的〈前言〉根據地層和陶器形制分期，將小屯南地甲骨地層區分為早、中、晚三期文化層，早期有𠂤組、午組、賓組的卜辭，時代相當於殷王武丁前後，中期大致屬康丁、武乙、文丁時代，晚期大致進入帝乙時代。此足見這並排的 21 個探方坑穴使用時間頗長，所埋存的甲骨可以由第一期武丁卜辭一直至第五期的帝乙卜辭，前後長達兩百年，應是當日殷人定都安陽之後長期固定放置甲骨的地方。然而，《屯南》整理者認為坑穴中不存在祖庚、祖甲、廪辛時期的甲骨，原因為何？並沒有進一步的說明。有關其中屬於「歷卜辭」甲骨的時間，整理者介定在第四期卜辭，而李學勤、林澐、黃天樹等目前的主流意見則調整為第一期至第二期祖庚卜辭，真相如何？學界仍無完全一致的看法。《屯南》中有非王卜辭的存在，這些非王一類甲骨的時間又為何？也沒有較系統的討論。由於《屯南》發表的甲骨拓本多不清晰，形成許多文字判讀的紛紜說解、筆畫審核的不確定，並導致了許多甲骨斷代分期也無法精確判定。這無疑是《屯南》一書編印最遭學界惋惜的地方。

檢視《屯南》可供斷代的甲骨，如：

1、〈910〉版有「𣪊示」一詞，記錄是經由「𣪊」其人獻祭的甲骨。「𣪊」是武丁時期習見的貞人，這裡作為進獻甲骨的人名自是特例，但不管如何，這一詞例的刻寫時間，可以暫定在第一期武丁時所書。

2、〈2663〉版有貞人「𢀛」。「𢀛」其人在過去的甲骨辭例都用為武丁時人，在

這裡則作為貞人名，也屬特例。本版亦可擬定為第一期武丁卜辭。

3、〈2342〉版有祭拜殷王「父丁」、「小乙」、「祖丁」三人，相接的見於同版，應是相承的父子三代。對照殷王世系表，「父丁」自是武丁。因此，本版可介定是第二期的祖庚、祖甲卜辭。

4、〈657〉版有祭拜先王「兄辛」一詞。「兄辛」，無疑即指「廩辛」。因此，本版當屬第三期康丁時所卜。

5、〈1055〉版有祭拜先王「祖丁」、「父庚」、「父甲」，其中的「父庚」、「父甲」同輩，按理應即「祖庚」和「祖甲」。因此，本版當是第三期廩辛、康丁的卜辭。

6、〈2538〉版有祭拜「妣辛」，指的是「武丁」配偶；另有祭拜「母戊」，可理解是「祖甲」的配偶。因此，本版宜定為第三期廩辛、康丁卜辭。

7、〈4023〉版有祭拜「妣戊」。「妣戊」也是武丁的配偶。因此，本版可推為第三期廩辛、康丁卜辭。

8、〈2281〉版有祭拜「父辛」。「父辛」，即指「廩辛」，可知本版確是第四期武乙卜辭。

9、〈4331〉版有祭拜「自上甲十示又三」和「父丁」，按祭祀順序由「上甲」往下推算十三位直系大宗，其後的「父丁」，即指「康丁」。因此，本版自是第四期武乙卜辭。

10、〈2617〉版有詢問句「王受有佑」，這是第四期武乙、文丁和第五期帝乙、帝辛卜辭的習用句例。因此，本版可推定在第四、五期時所卜。

11、〈3564〉版有「于武乙宗」和「王受有佑」的用法，祭拜「武乙」的宗廟，本版當是第五期帝乙卜辭。

　　以上諸辭例，是根據「稱謂」和習見「文例」的用法，判斷《屯南》出土甲骨，分別有屬於第一、二、三、四、五期斷代的卜辭，而其中又以第三、四期卜辭出現最多和最集中。總的而言，《屯南》甲骨主要是殷商遷都安陽之後中期偏晚的一批卜骨。我們在〈附錄〉的文章中，透過《屯南》「歷卜辭」的文例、稱謂系聯分析，亦認定「歷卜辭」的斷代分期，可由第二期末的祖甲卜辭延伸至第四期文丁卜辭，最為合理。由於「歷卜辭」跨越的時間頗長，近世主張由字形細分組類的朋友，認為歷組字例是自自組一直過渡到無名組卜辭，才會提出有所謂：「自歷間 A 類、自歷間 B 類、歷一類、歷二類（又分歷二 A、二 B 甲乙、二 C 類）、歷草體類、歷無名類」等許多繁雜、瑣碎不堪的類別區隔。（參劉風華《殷墟村南系列甲骨卜辭整理與研究》）

　　《屯南》發掘的甲骨，分別是在相連排列的 21 個矩形探方灰坑出土的。諸坑

置放甲骨的時間，多有相互重疊的共時關係，如〈9〉一版是經由 H1 和 H2 二坑甲骨相綴合的結果。另，〈9〉版又和 H17 坑的〈636〉版屬於成套卜辭的關係。因此，H1、H2、H17 三個坑穴有同時儲放甲骨的可能。又，〈1050〉版屬 H34 和 H37 二坑甲骨的綴合，〈1132〉版屬 H24 和 H38 二坑甲骨的綴合。同版甲骨有因自然破裂或因坑位遭打破而破裂，分置於不同坑穴之中，顯然不是孤證。而〈1122〉版是 H24 坑的甲骨，和〈182〉（H2）是屬於異坑同文例；〈1138〉版是 H24 坑的甲骨，和〈2361〉（H57）也是屬於異坑同文例。由此看來，《屯南》甲骨的時間推定，也可以透過同坑的上下堆疊，和異坑的同文、成套、綴合內容相互系聯彼此的關係而論。至於一些習用語、特殊字詞的書寫，無疑也可作為在不同坑穴而屬於同時甲骨的一種尋覓方法。如：卜辭習見的「今歲」一詞，H85 坑的〈2629〉版誤寫作「今戌」，這種訛誤的特例，卻也遍見於 H2、H3、H17、H24、H47、T53 多個探方坑穴之中。這可以作為系聯異坑甲骨刻寫時間的參考依據。

　　《屯南》甲骨一般屬於殷王直系的王卜辭句例，但偶然混雜有非王一類的卜辭。如：〈16〉和〈3124〉版的「子」字異體寫法，和非王卜辭、武丁中期以前的花東卜辭寫法相同。〈129〉版的「父戊」、〈748〉版的「父己」，都不是殷王直系的名稱，也可認定屬於非王一類貴族的卜辭。〈2671〉版有「午石甲」一句例，其中的「午」是「禦」字之省，字形獨特，祭祀的「石甲」，陳夢家認為是「午組卜辭」的祭祀對象，亦相當於武丁時期的非王一類。〈2673〉版又見「午母庚」一句，和〈2671〉版相同，也應是一版非王卜辭。又，〈2623〉版是晚期卜辭，其中的「改」字從它倒書，寫法卻和花東卜辭全同。如此，本版可能是屬於晚期的非王一類卜辭。〈4078〉版有祭「父戊」，而詢問句作「王受有佑」，這又是另一版晚期非王卜辭的句例。

　　殷墟小屯南地出土的，多屬卜骨，只有極少數卜甲。殷人似乎有分開儲藏卜用龜甲、牛骨的習慣。這批甲骨經陸續置放或廢棄的時間相當長，有由第一期過渡到第五期卜辭，但大都集中在第三期廩辛、庚丁和第四期武乙、文丁之間。卜骨的卜辭多由下而上、由外而內分段刻寫，這也反映當時問卜和讀兆的方式。《屯南》卜骨的所屬，主要是殷王直系大宗的王卜辭，間有儲存少量非王的刻辭。

　　《屯南》卜辭有單貞、對貞和成套的句式。對貞句中，常見正反對貞和選擇對貞，偶有正反和選貞混用於一條卜辭的，如〈2623〉。一般卜辭只會卜問一事，偶有「一辭二卜」，如〈3011〉、「一辭三卜」，如〈256〉的特例。《屯南》甲骨多屬祭祀類卜辭，另有田狩、征伐、出巡、告令、受禾、求佑、卜生育、卜時間（某天或時段）、卜放晴、卜風、卜雨（降雨或寧雨）、卜易日、卜四方等類。同版卜辭有單一卜問一類事情，也有兼問不同事類的，如〈1128〉版見有祭祀、田狩

和卜雨卜辭。《屯南》祭祀卜辭多見泛祭如「侑」和「禦」、專祭祭名如「歲」和「酓」、殺牲方式如「伐」和「盥」。卜辭中多用單一祭名，有用一大祭接連帶出若干小祭或殺牲法的，如「酓彳歲」〈11〉、「酓彳伐」〈739〉，又多見不同的祭儀連續在同一條卜辭的前後進行，如「燎、沈、俎」〈732〉、「莝、燎、沈」〈943〉、「莝、燎、卯」〈750〉、「禦、燎、卯」〈1138〉、「又、燎、俎」〈961〉等是。祭祀卜辭中祭拜的主要對象是先祖。其中一般是帶出某祖先的專名稱謂；有泛指眾祖先的，如〈3157〉的「高」；有帶出一系列祖先名，如由遠而近的「陽甲、盤庚、小辛」〈738〉、「父庚、父甲」〈1055〉，有由近而遠的「父丁、小乙、祖丁、羌甲、祖辛」〈2342〉。另有祭祀先臣的「伊尹」〈1122〉；有祭祀自然神的「河」〈1116〉、「岳」〈750〉、「土」〈726〉；復見有祖先和自然神並祭的，如〈916〉。殷祖有分作「大示」、「下示」、「小示」三類別。祭祀時有獻冊的活動。祭祀的用牲，有方、羌、伐、由、妌、牛、羊、牢、宰、犬、豬等。

《屯南》征伐卜辭中記錄外邦出沒的，有召方、土方、盧、戜方、人方等，殷附庸將領有子方、沚或、望乘、壴、竹、王族、犬侯等，殷的職官復見多射、戍、馬、尹、工、宁、卜、史、亞等。這些資料的系聯和校讀文獻，對於殷商的戰爭史和制度史有一定的了解。《屯南》甲骨有一些特殊的詞組實錄，如「月戠」、「于一人」、「出入日」、「今來歲」、「帝五丰臣」等，又可作為研究這批甲骨的斷代分域用例。《屯南》甲骨的出土，對於重建上古文化和社會制度，無疑提供無比重要的線索。

《屯南》卜辭命辭中的變異句型，多屬於移位句，如「父丁其歲」〈1126〉、「于岳禾」〈2105〉、「雨戊」〈2525〉、「王叀田省」〈2531〉等是；又有大量省略句，如「其七十羌」〈1115〉、「于宮」〈2711〉、「其鹿」〈4511〉等是。偶有移位和省略句兼用的，如「弜唯茲用」〈2666〉是。這些實例，都可以作為研究古漢語源頭的重要資料，復可見殷人在這階段應用書面語的靈活和不固定。

甲骨學已是今日要了解漢字字原、上古文明、古代社會制度、古音學、天文曆法、先秦文獻考證等不同學科的必備工具。相對的，想學好甲骨文字，也需大量掌握這些相關學科的知識，作為對比輔助的參考。學習古文字，由甲骨文開始。學習甲骨文，首先應由閱讀甲骨卜辭入手。而理解甲骨最困難的，也決定在卜辭的斷句分讀上。如何合理、正確的分析卜辭中的字、詞、句，以及釐清句和句之間的關係，是研治甲骨文的一核心項目。我曾主張，先由句而論詞，繼由詞而論字的大包圍方式，由外而內逐層對比的破解甲骨內容，是最可靠的一種方法。本書選讀的敘述，也重在客觀通讀《屯南》卜辭的句子。研讀卜辭，復需要注意不斷的比較材

料，由同版的互較，拓大至同坑互較、異坑互較，以至不同時空甲骨的互較，再和與金文、古文獻用詞的校讀，才能夠對殷文化掌握深層次的了解。如《屯南》甲骨可代表小屯村南埋藏卜骨的特色，相對於小屯村北 YH127 坑中大量儲存卜龜的內容，正可以提供殷墟在村北、村南，或卜骨、卜龜內容的對比研究。這種針對相關材料綜合在點、線、面中的對比、立體歸納觀察，從而尋覓出真相的方式，理論上比單由平面的文句學習或只是用六書認字來得準確，但此僅能與「好學深思」者道。

　　當今的純學術研究，人才凋零，讀書人日漸稀少。偏處東南一隅的台灣，實無開創文明的空間和動能。甲骨學是文化源頭的學問，目前也只能透過文字的「隔代傳承」，以企延續一線命脈。這些《選讀》文字，是本人思考甲骨文例、通讀卜辭句詞的實錄，聊供日後鍾愛古文字文化的朋友自學參考。

小屯南地甲骨選讀

目　次

序 …………………………………………………………………………… I

凡　例 ……………………………………………………………………… 1

摹　本 ……………………………………………………………………… 1

選讀釋文 …………………………………………………………………… 75

H1 ………………………………………………………………………… 75

　　2、7、8、9、11、16

H2 ………………………………………………………………………… 79

　　34、38、68、76、129、132、135、139、190、227、244、256、290、

　　304、313、339、423

H17 ……………………………………………………………………… 90

　　590、608、619、624、631、644、651、657

H23 ……………………………………………………………………… 95

　　726、732、738、739、744、748、750、817

H24 ……………………………………………………………………… 101

　　890、910、911、916、923、930、943、961、994、996、1055、1088、

　　1099、1115、1116、1119、1122、1126、1128、1131、1138

H39 ……………………………………………………………………… 118

　　2105

H48 ……………………………………………………………………… 119

　　2157

H50 ……………………………………………………………………… 120

2172、2179

H57 ·· 122

2257、2281、2288、2293、2342、2370、2383、2384、2438、2446

H58 ·· 129

2457、2470、2471

H65 ·· 130

2525

H72 ·· 131

2529、2531

H75 ·· 132

2538

H83 ·· 133

2564

H84 ·· 134

2567

H85 ·· 135

2617、2623、2626、2629

H86 ·· 137

2651

H92 ·· 138

2663

H93 ·· 138

2666

H95 ·· 139

2671、2673

H103 ··· 140

2699、2707、2711、2722

M9 ··· 143

2861

M13 ·· 144

2953、3011、3025、3027、3033、3058、3124、3157

M16 ·· 148

3562、3564、3567

M20 ··· 150

　　3613

T2 ·· 150

　　3673、3723、3744、3759

T21 ··· 153

　　3853

T23 ··· 153

　　4023、4078

T31 ··· 154

　　4103、4178

T32 ··· 156

　　4286

T42 ··· 156

　　4301、4304

T44 ··· 157

　　4324、4331、4352

T52 ··· 162

　　4397

T53 ··· 163

　　4476、4489、4511

附：小屯西地出土甲骨 ·· 165

　　附1、附3、附5

附　錄 ·· 167

附一：由文例系聯論《小屯南地甲骨》「歷卜辭」的時間 ················ 167

附二：由「稱謂」尋覓《小屯南地甲骨》提供斷代的定點卜骨 ········· 184

附三：《小屯南地甲骨》同版異形和同坑異形研究

　　　──評字形並非甲骨斷代分組類的絕對標準 ························ 196

附四：《選讀》關鍵用詞筆畫索引 ··· 211

凡　例

一、本書《小屯南地甲骨選讀》，簡稱《選讀》，是根據《小屯南地甲骨》二冊
（中國社會科學院考古研究所編，中華書局出版，1980 年 10 月版）收 4589 版
甲骨和書末〈附〉小屯西地甲骨的選辭讀本，共計 131 版。

二、《選讀》先列摹本，後接釋文和按語。摹本是依據甲骨原拓大小描寫，個別圖
版有經放大處理。《選讀》的甲骨版號，是按《小屯南地甲骨》圖版序號先後
順序排列。每版甲骨釋文之前，先標示圖版序號，並括弧附列出土坑位和出土
原編號。每一條選辭在釋文之前的數目，理論上是依據原釋文的，偶有個別經
過調整。

三、《選讀》的關鍵用詞索引，見〈附錄四〉。

四、《屯南》甲骨拓片的圖版英文簡稱，有：H—灰坑，F—房基址，M—墓葬，T
—探方。

五、《選讀》的卜辭釋文，一般採嚴式隸定。

六、釋文引用符號：

　　　▨　　　　表示缺文字數不詳。

　　　□　　　　表示缺漏一字。

　　　〔　〕　　表示據殘筆或互較文例擬補的缺文。

　　　（　）　　表示注釋的字，或在釋文中殘缺不全的字。釋文中的兆序，為了方便與
卜辭區隔，也固定的增（）以資識別。

七、一條完整的卜辭，分前辭、命辭、占辭、驗辭四部分。其中的前辭是記錄占卜
的時間和占卜的人或地名，常態文例是「干支卜，某貞」。《屯南》則多見
「干支卜」和「干支貞」。命辭是占卜的內容，一般用對貞或選貞的方式成組
呈現，亦有用單貞的形式卜問。占辭是殷王針對卜兆的判斷語，一般王卜辭是
用「王占曰：」一句帶出。驗辭是卜問事情發生後追記的結果，有用一「允」
字帶出。命辭是問句，句末以問號作結，其他獨立成句的前辭、占辭、驗辭、
用辭、兆語、兆序、記事刻辭，率以句號作結。

八、甲骨分期，據董作賓先生的五期斷代區分：

第一期：武丁或其以前卜辭

第二期：祖庚、祖甲卜辭（一世二王）

第三期：廩辛、康丁卜辭（一世二王）

第四期：武乙、文丁卜辭（二世二王）

第五期：帝乙、帝辛卜辭（二世二王）

九、干支表

甲子	乙丑	丙寅	丁卯	戊辰	己巳	庚午	辛未	壬申	癸酉
甲戌	乙亥	丙子	丁丑	戊寅	己卯	庚辰	辛巳	壬午	癸未
甲申	乙酉	丙戌	丁亥	戊子	己丑	庚寅	辛卯	壬辰	癸巳
甲午	乙未	丙申	丁酉	戊戌	己亥	庚子	辛丑	壬寅	癸卯
甲辰	乙巳	丙午	丁未	戊申	己酉	庚戌	辛亥	壬子	癸丑
甲寅	乙卯	丙辰	丁巳	戊午	己未	庚申	辛酉	壬戌	癸亥

十、商代世系對照表

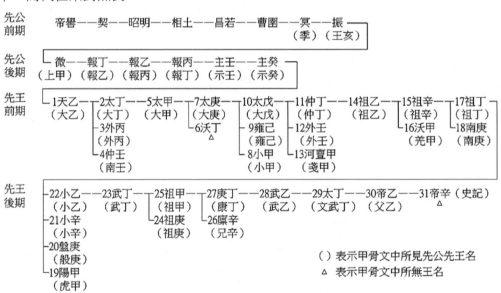

摹　本

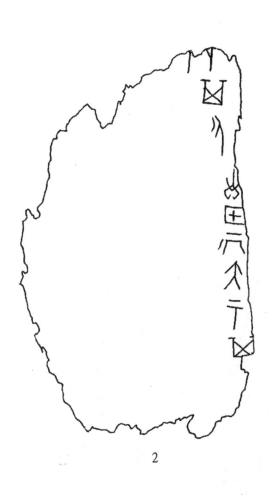

2

7

8

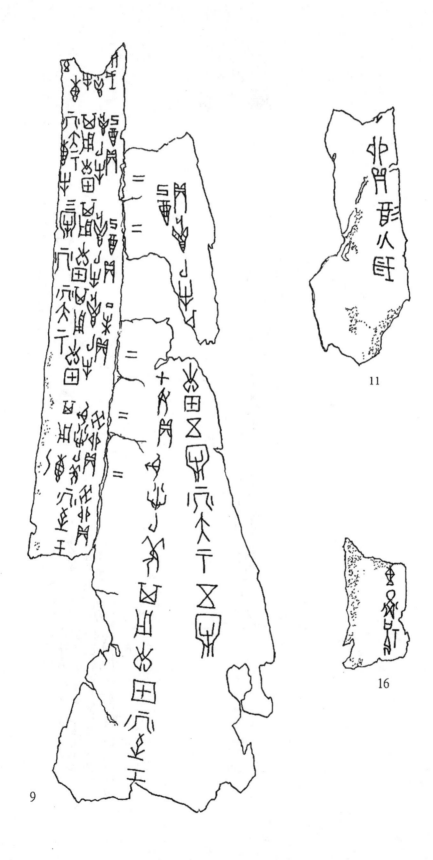

9

11

16

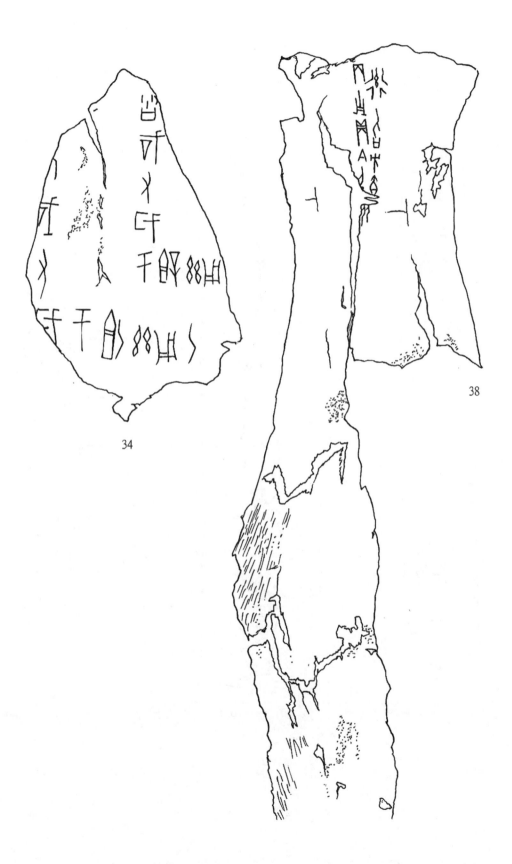

34

38

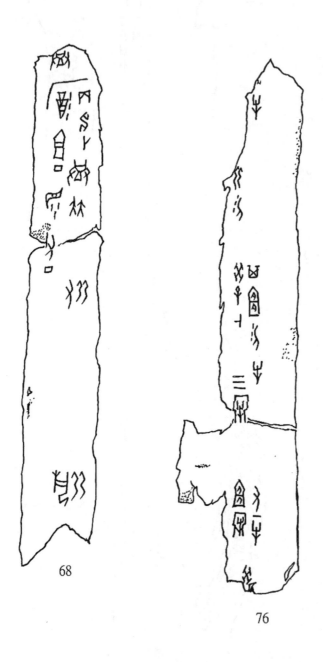

68

76

129

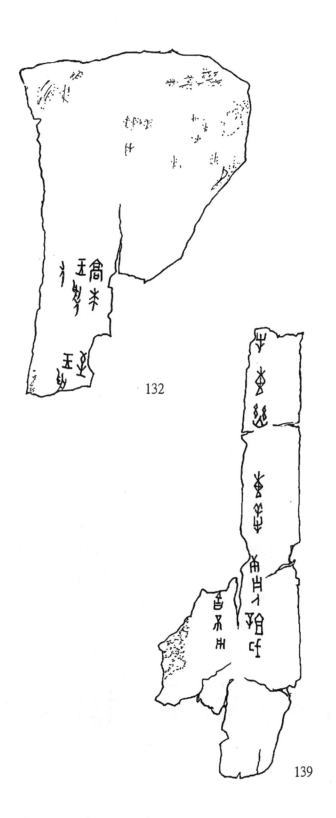

132

139

135

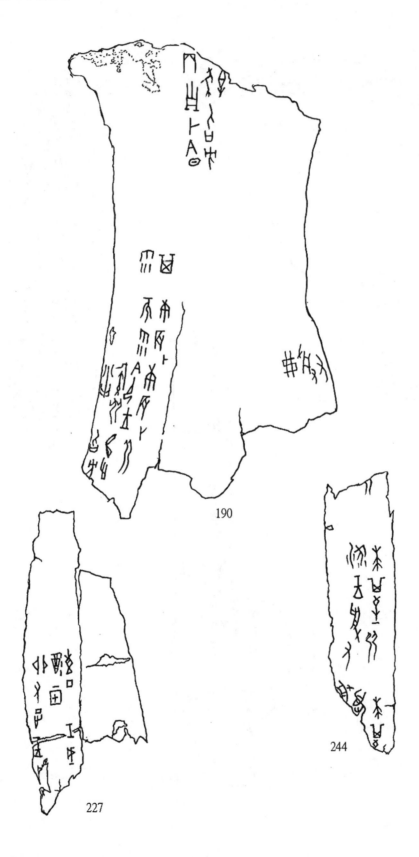

190

227

244

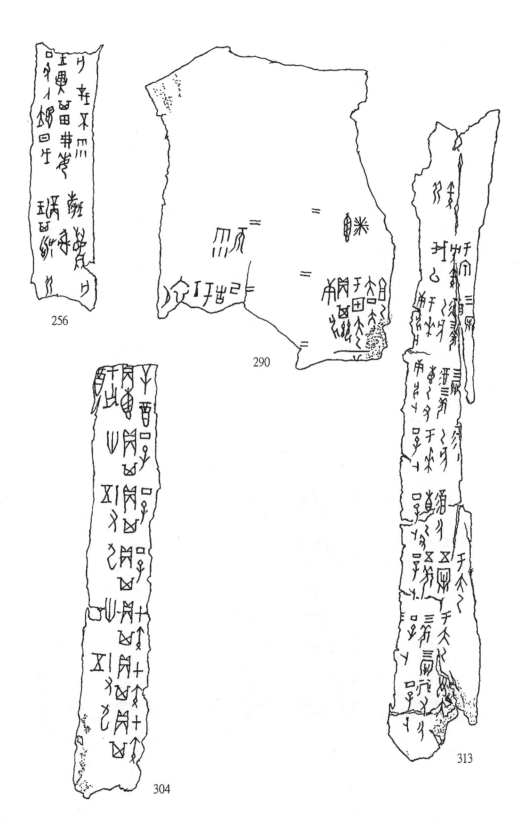

256

290

304

313

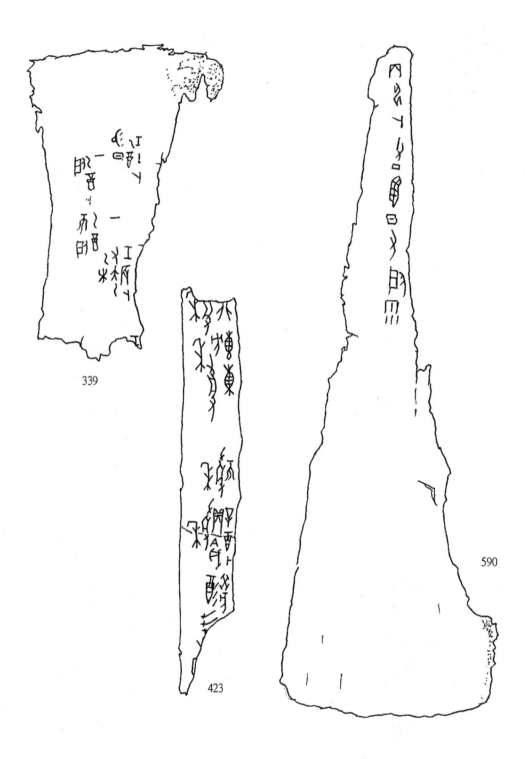

339

423

590

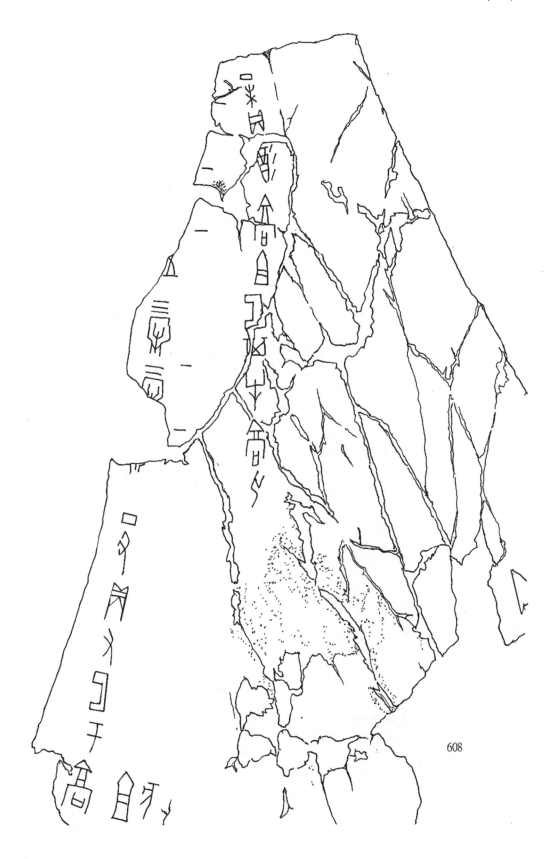

608

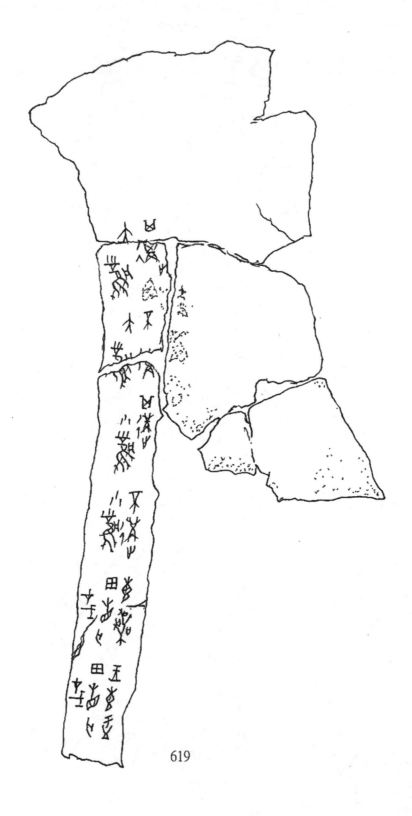

619

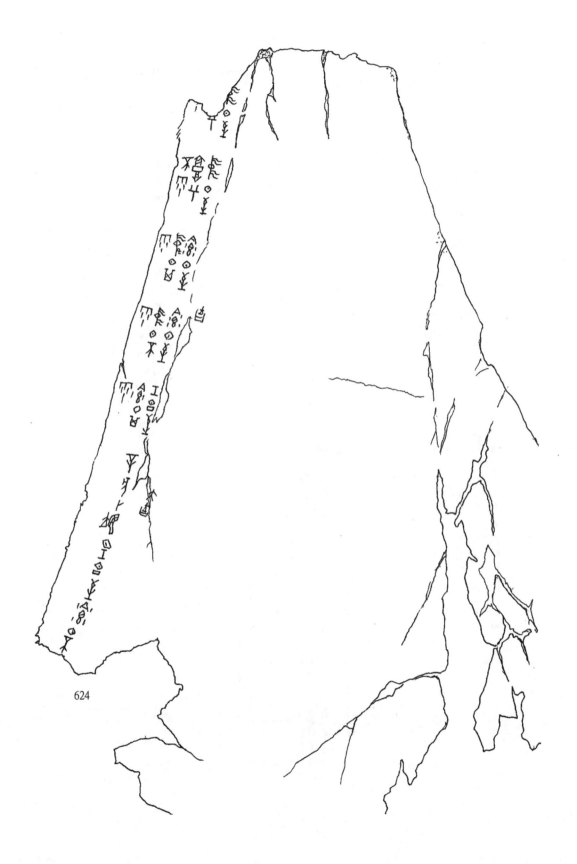

624

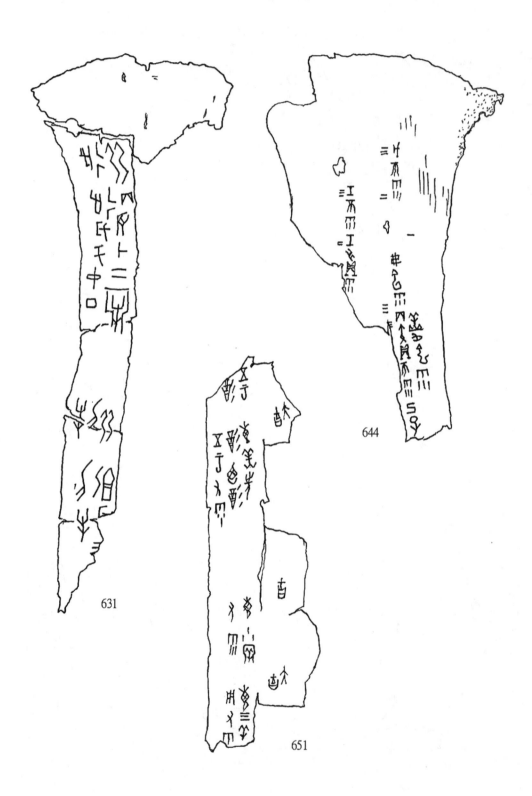

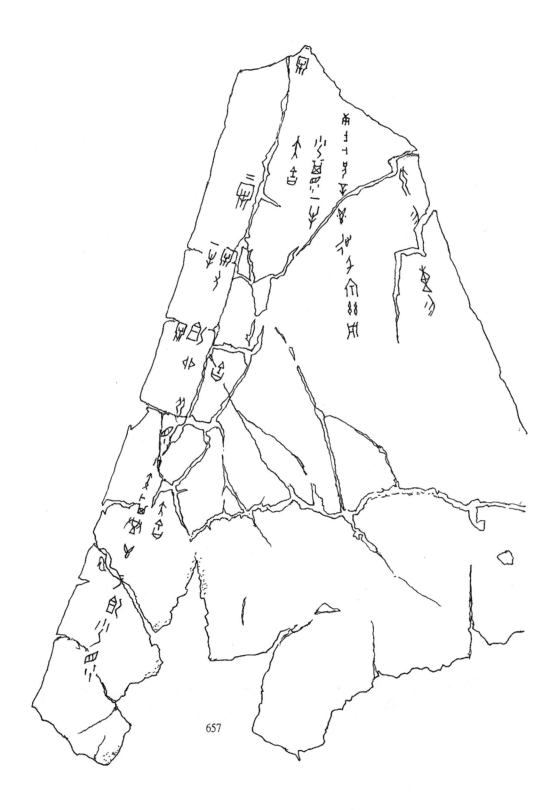

657

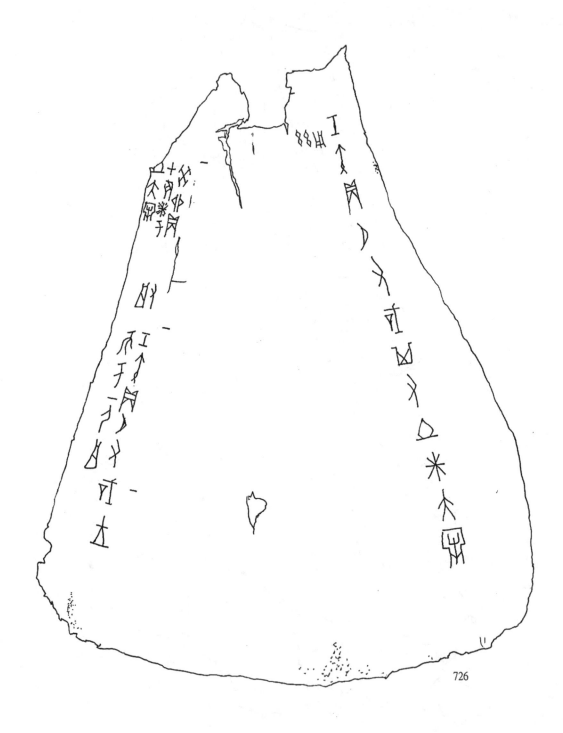

726

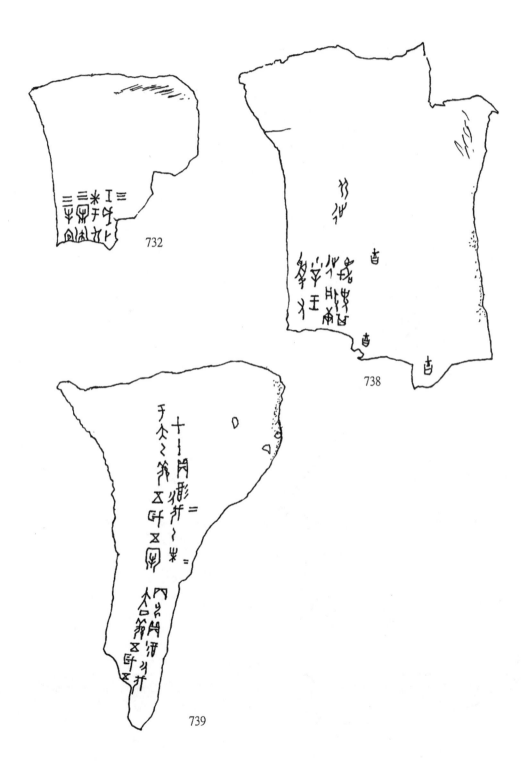

732

738

739

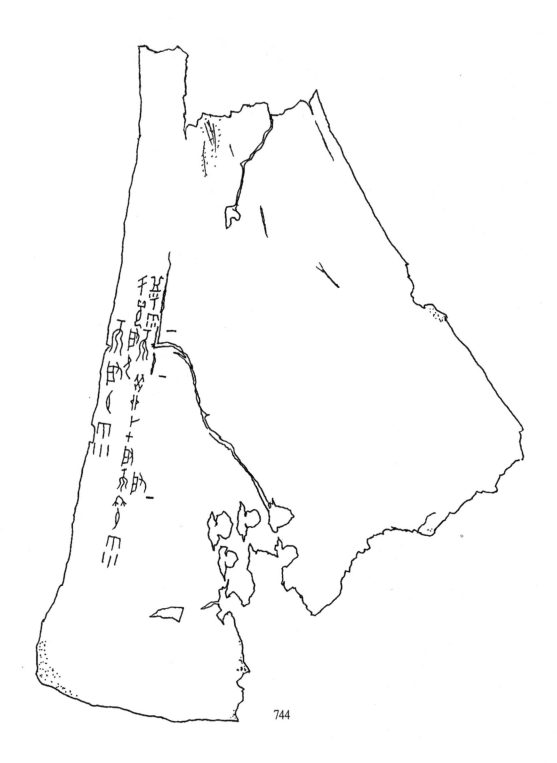

744

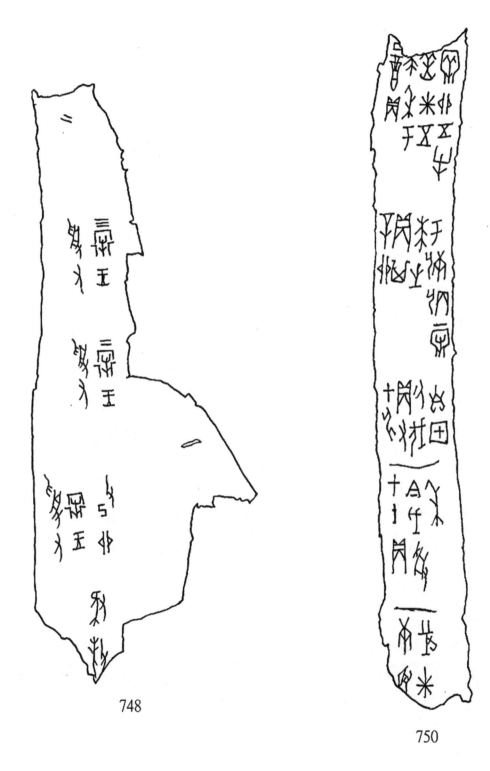

748

750

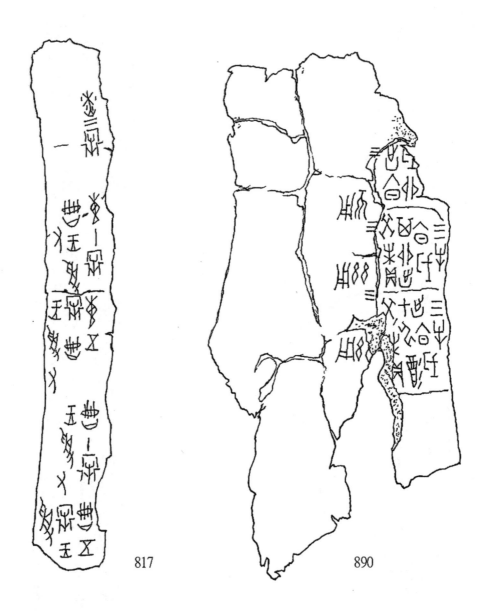

817

890

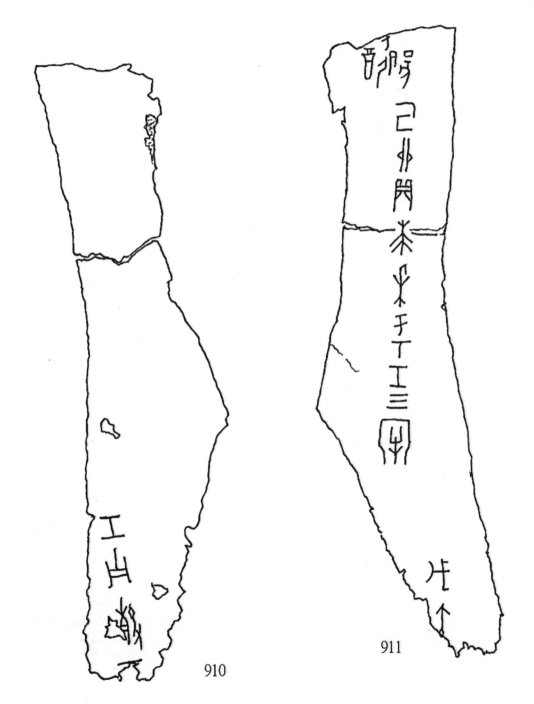

910

911

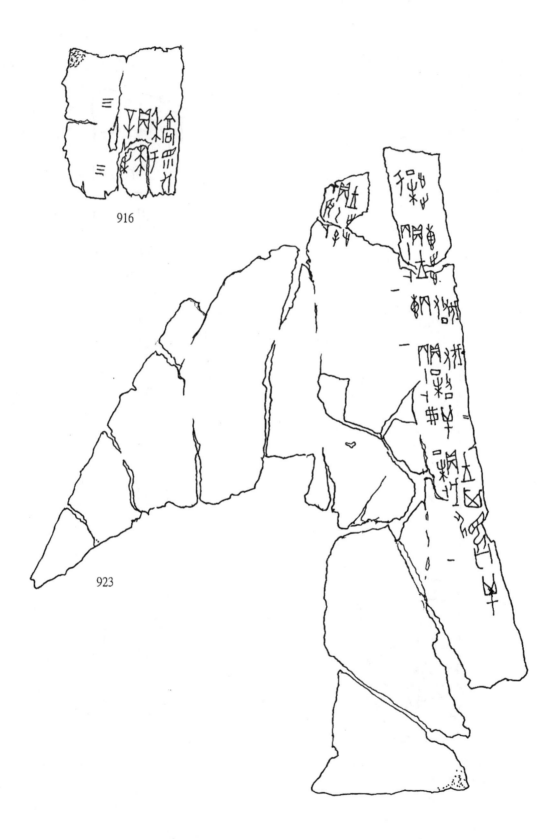

916

923

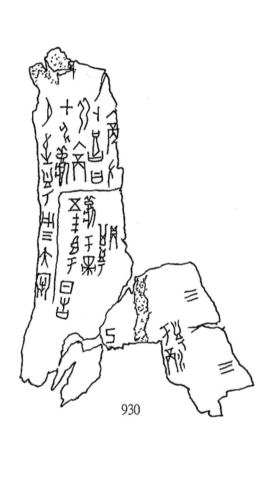

930

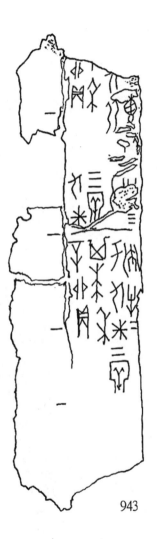

943

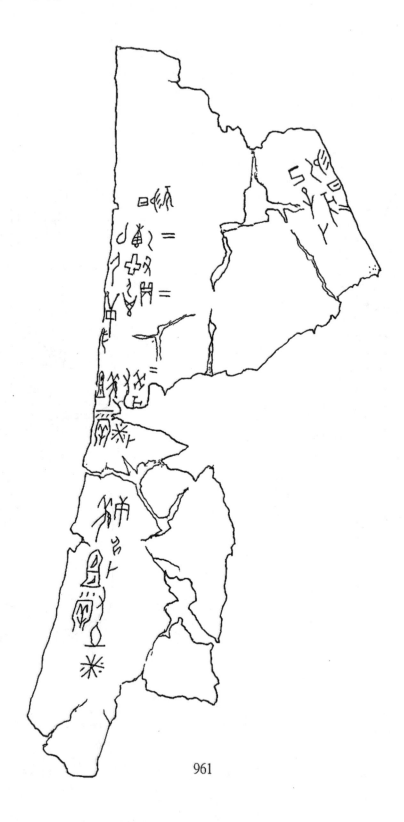

961

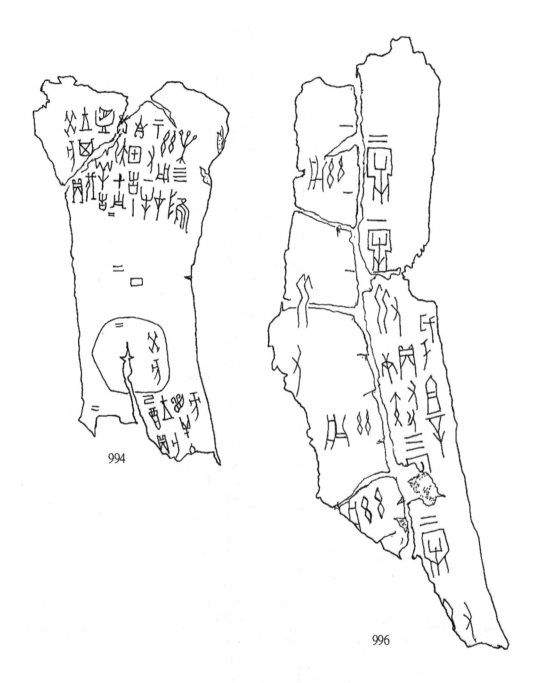

994

996

1055

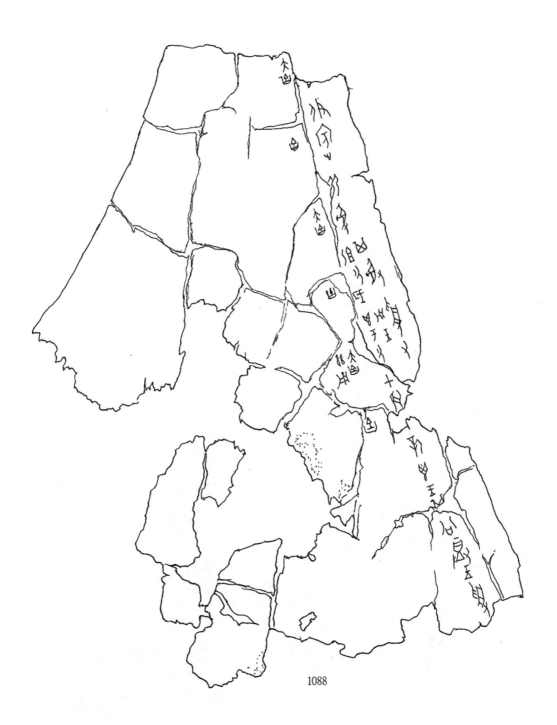

1088

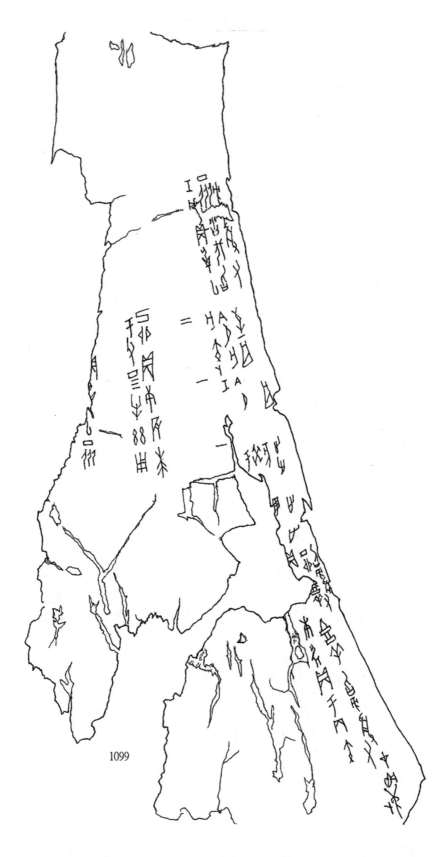

1099

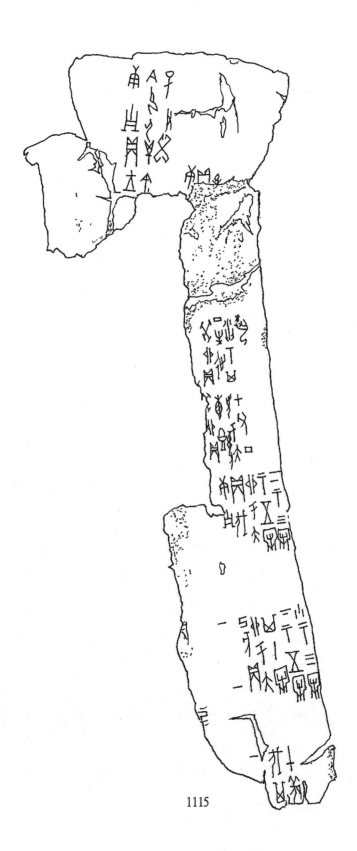

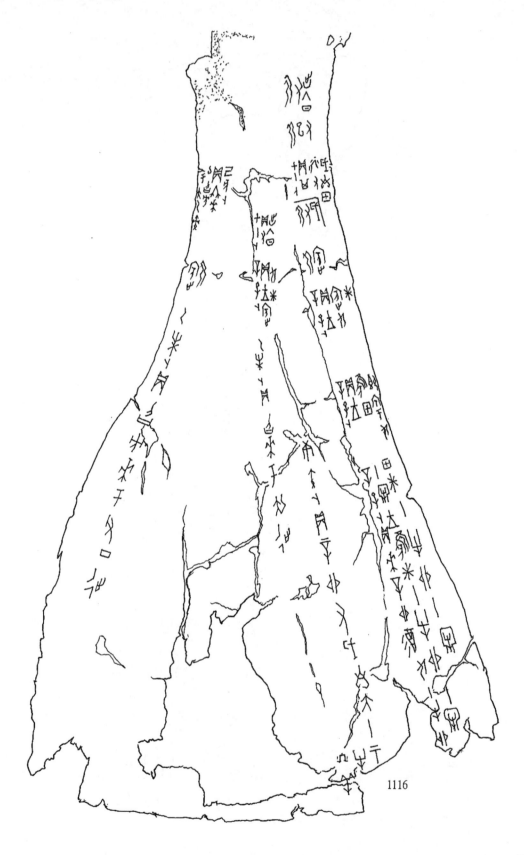

1116

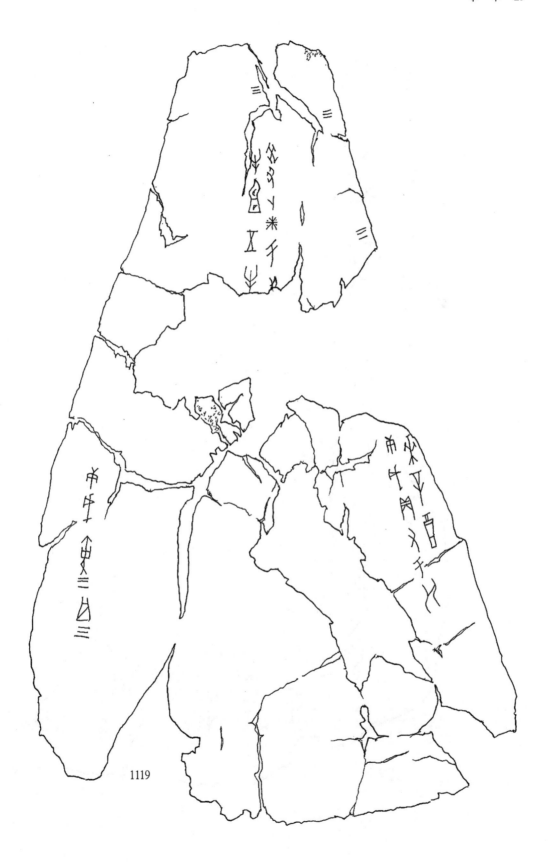

1119

1122

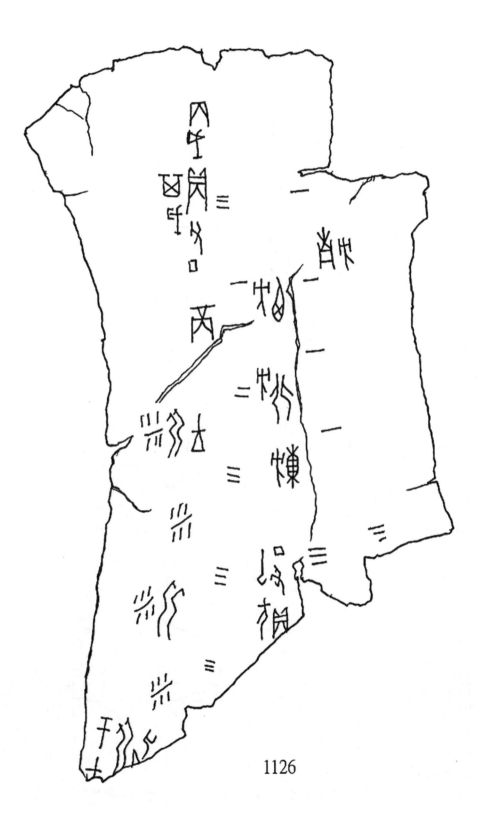

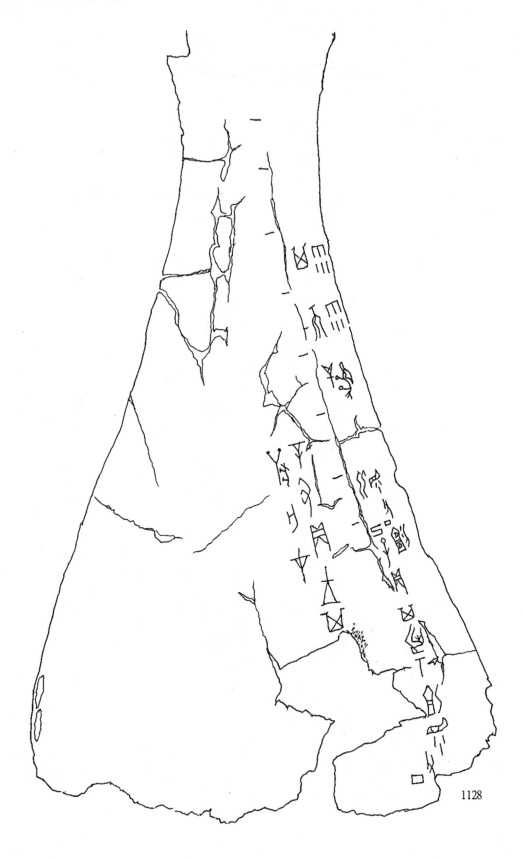

1128

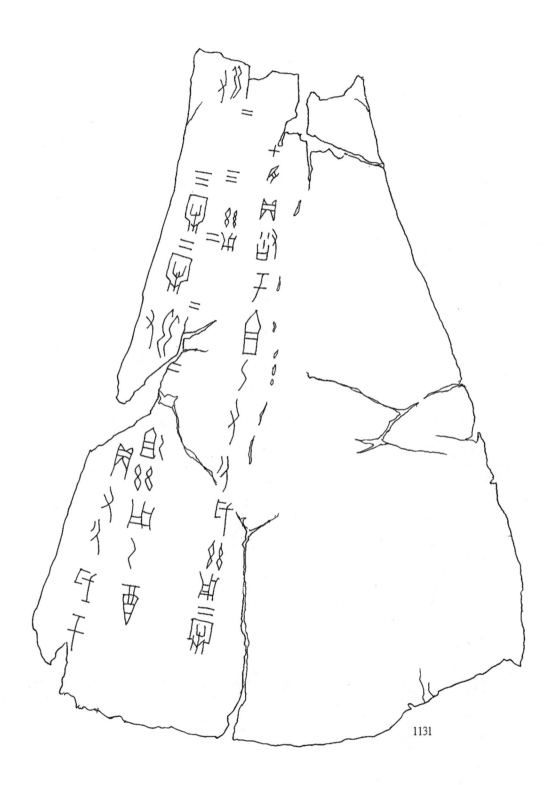

1131

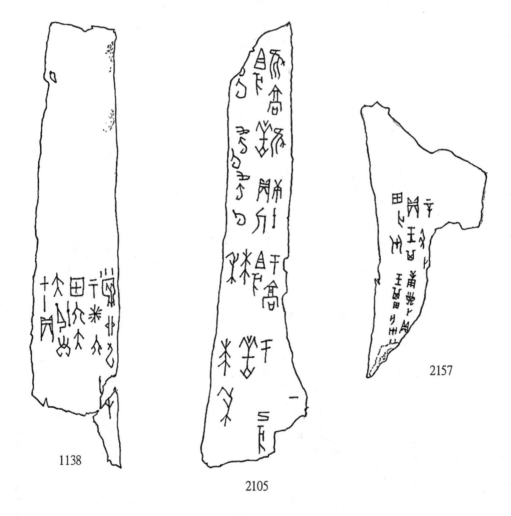

1138

2105

2157

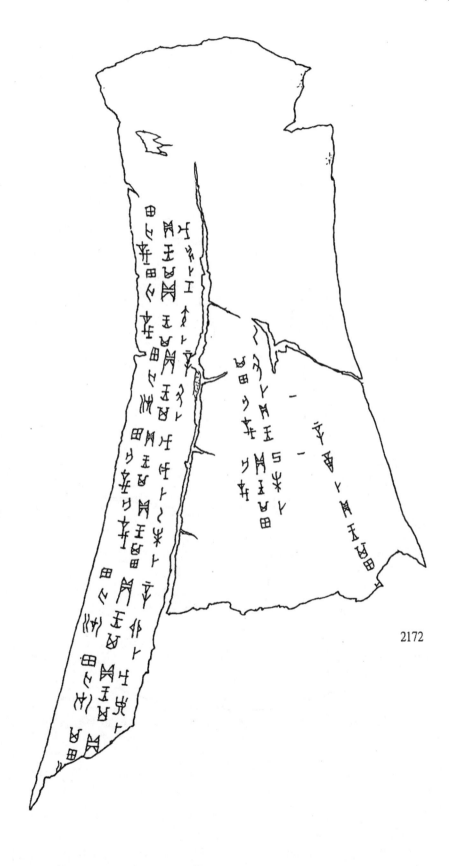

2172

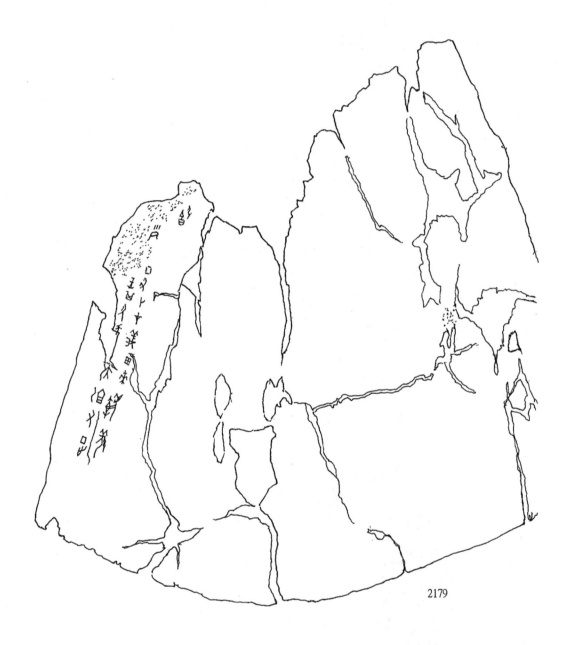

2179

2257

2281

2288

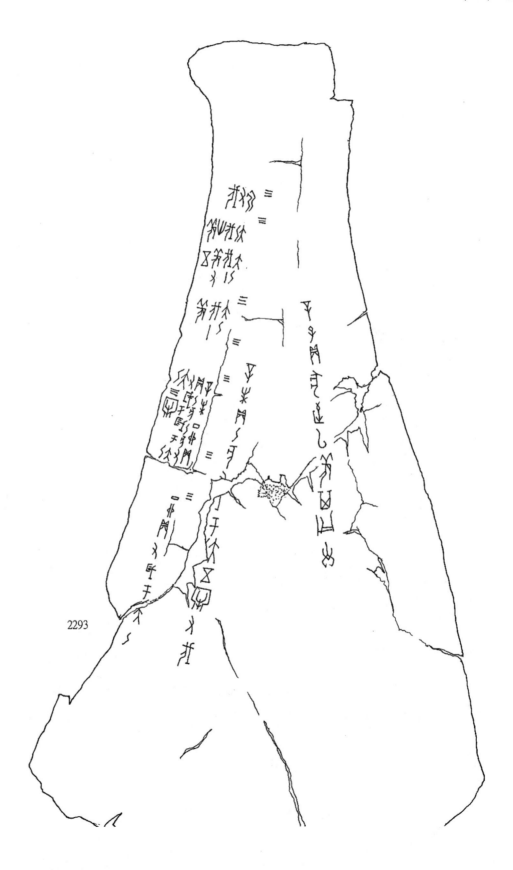

2293

2342

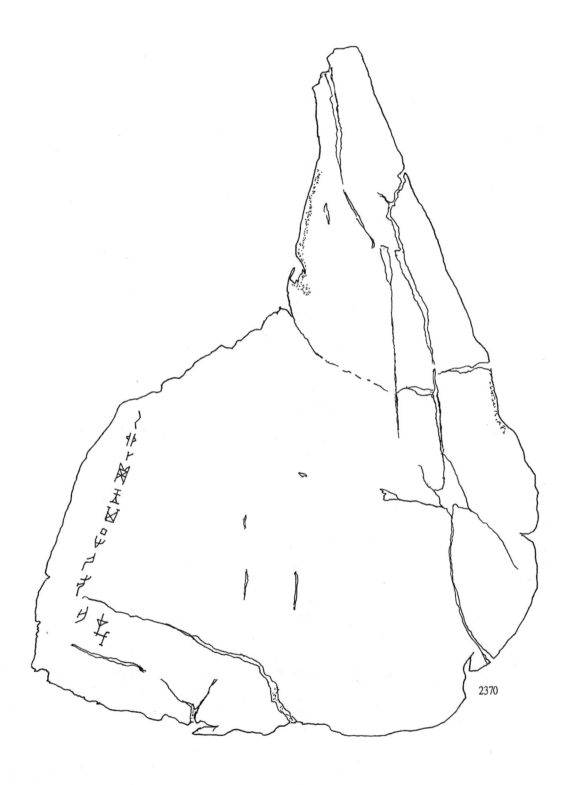

2370

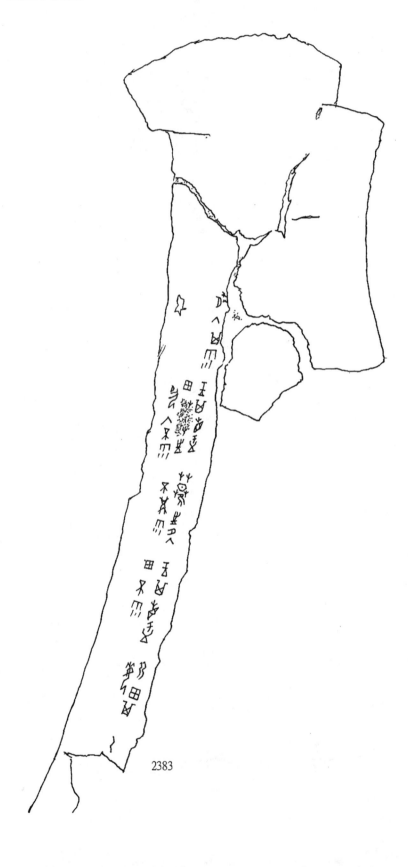

2383

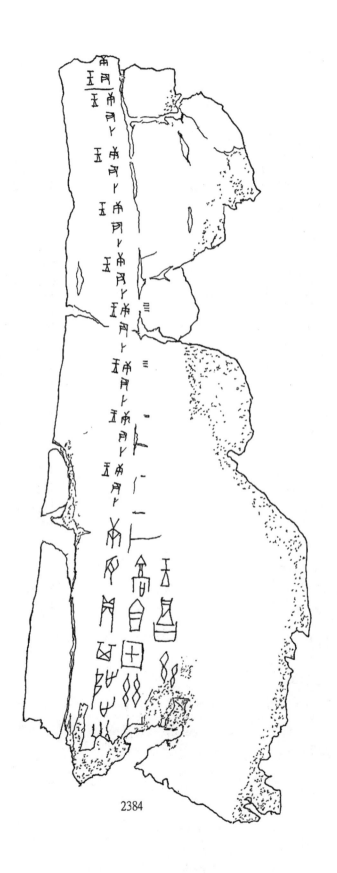

2384

2438

2446

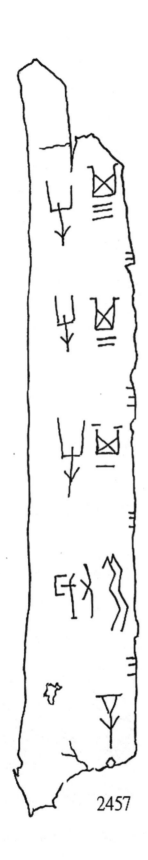

2457

2470

2471

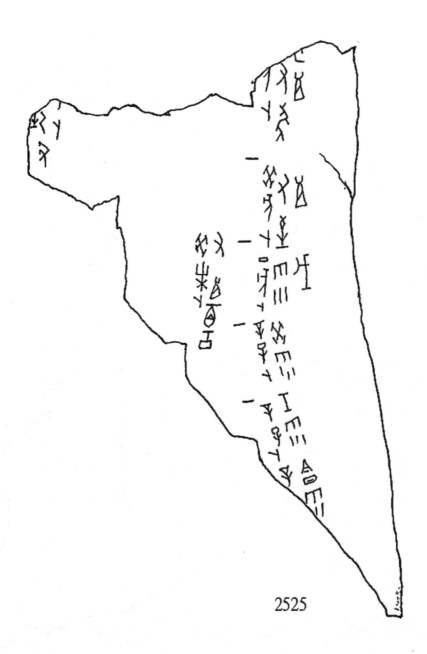

2525

2529

2531

2538

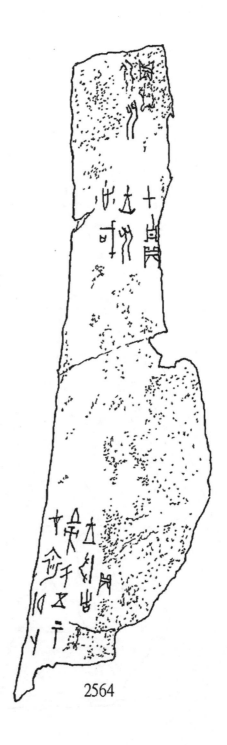

2564

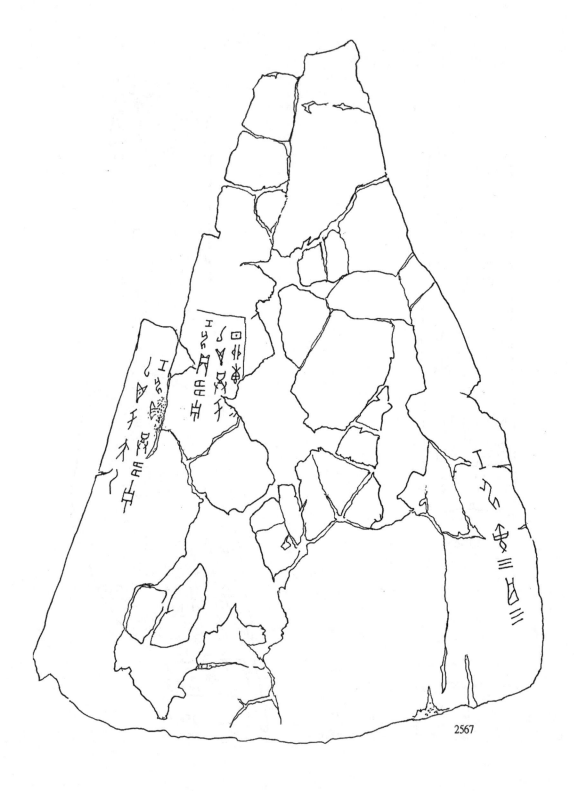

2567

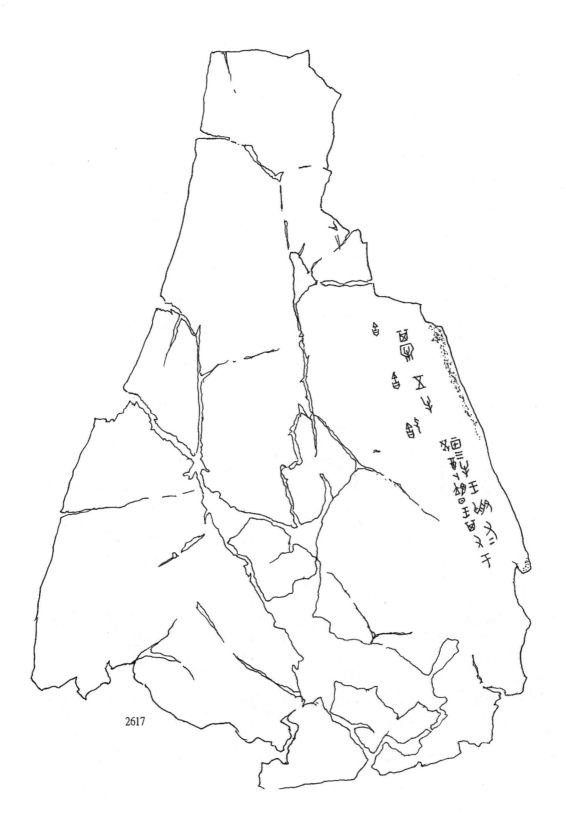

2617

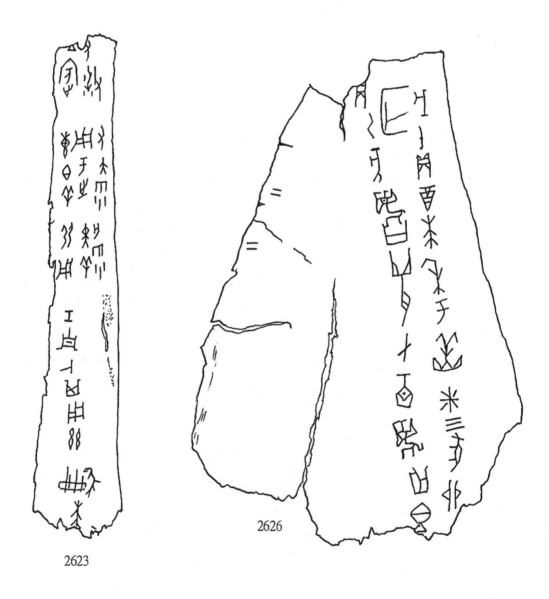

2623

2626

2651

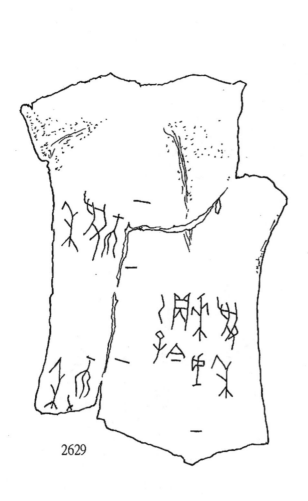

2629

2663

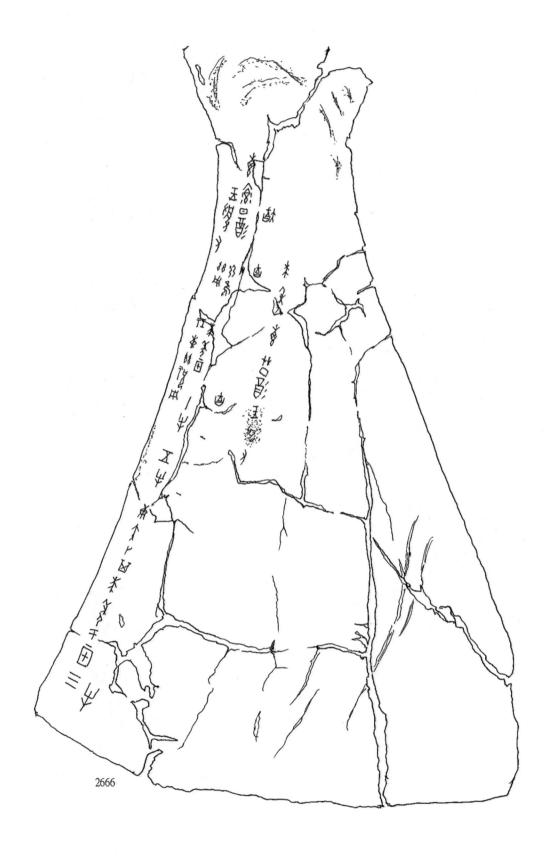

2666

2671

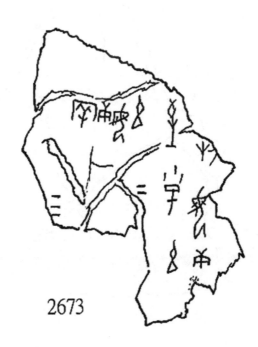

2673

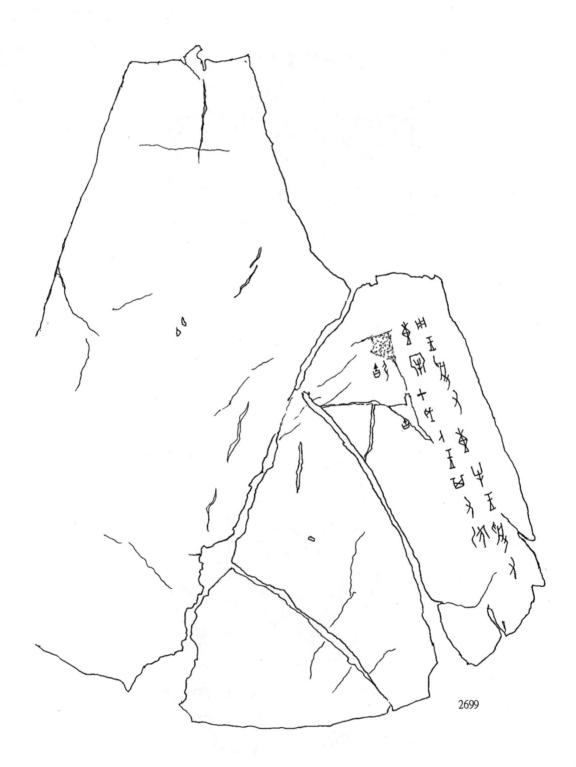

2699

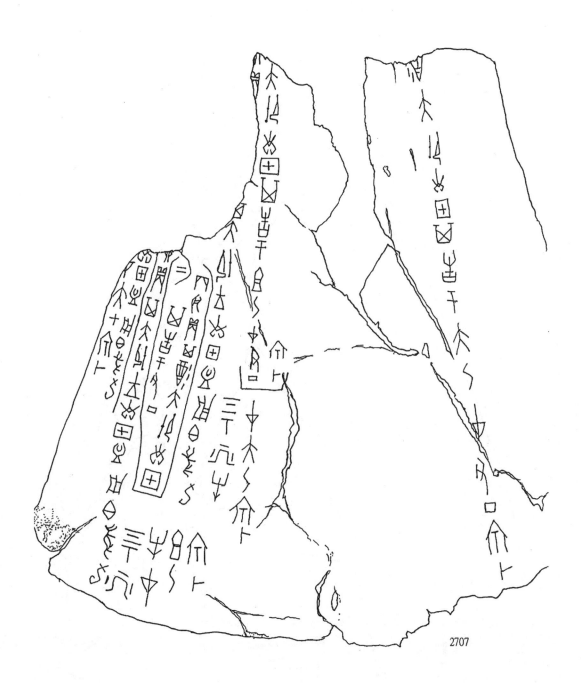

2707

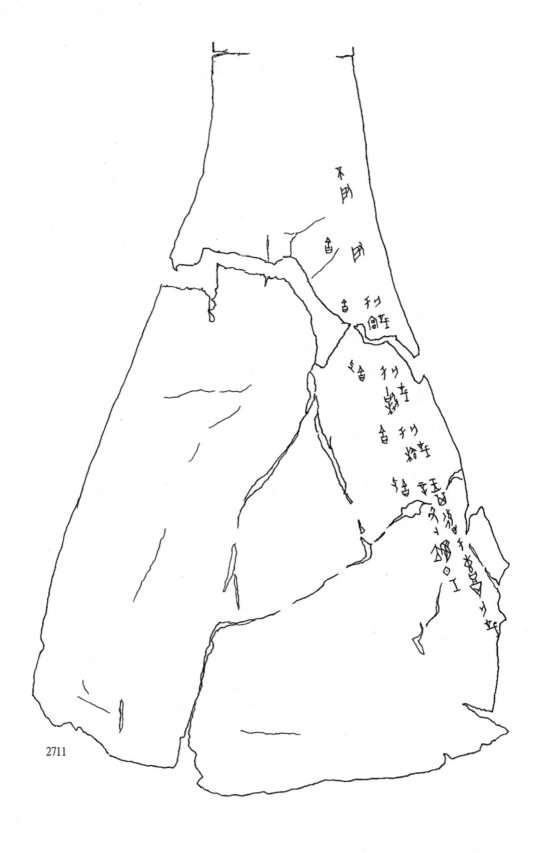

2711

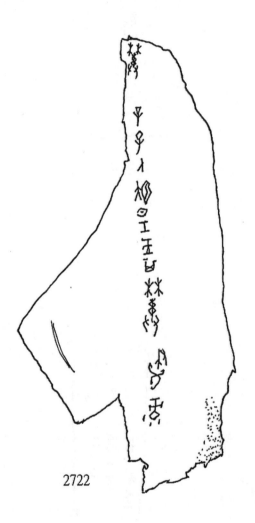

2722

2861

2953

3011

3025

3027

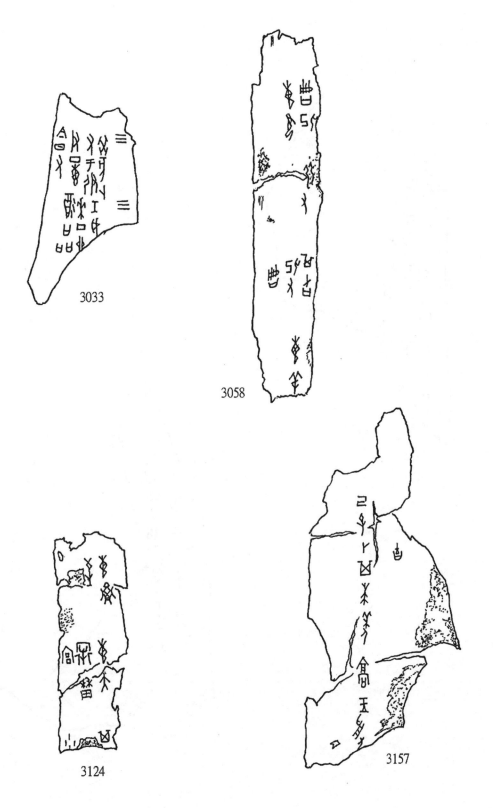

3033

3058

3124

3157

3562

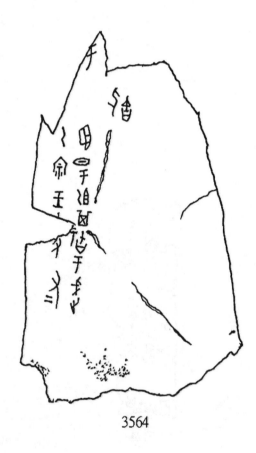

3564

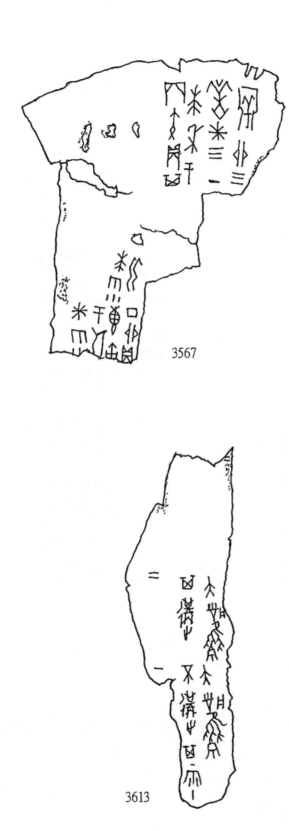

3567

3613

3673

3723

3744

3759

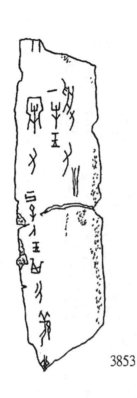

3853

4023

4078

4103

4178

4286

4301

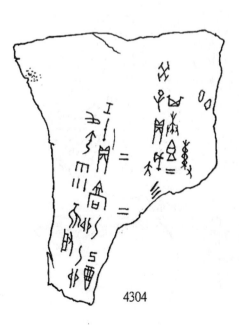

4304

4324

4331

4352

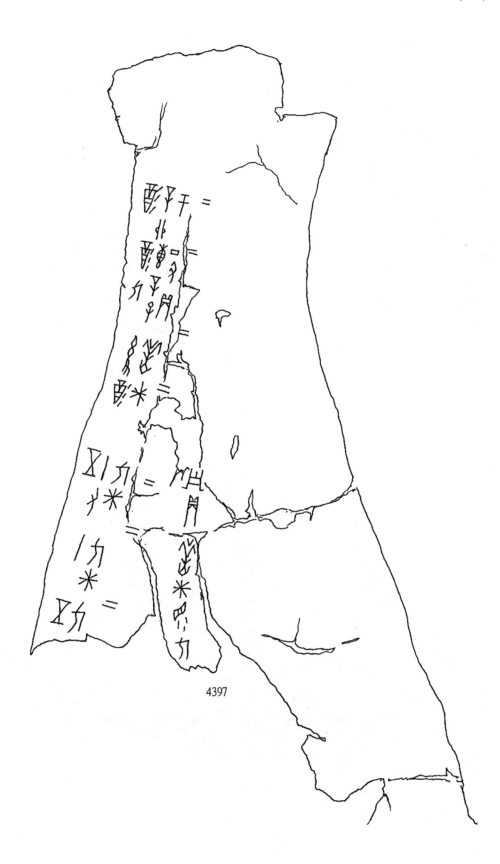

4397

4476

4489

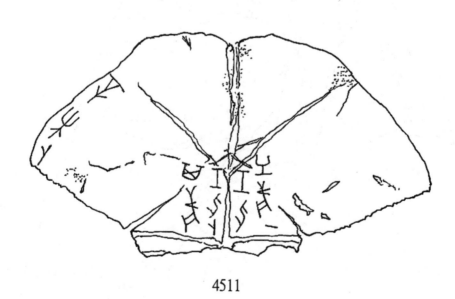

4511

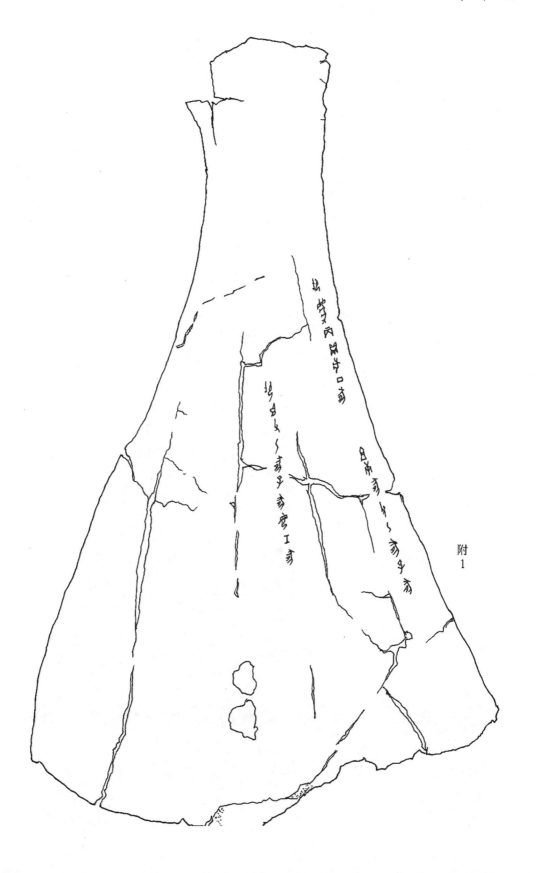

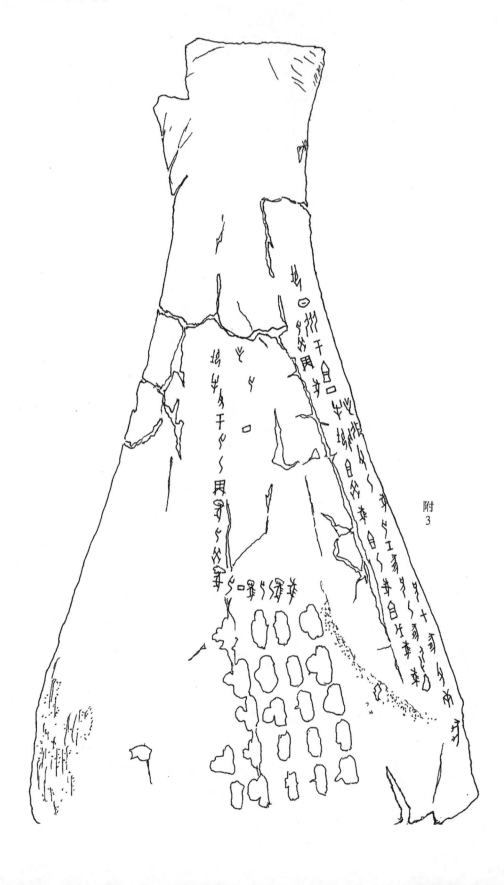

附
3

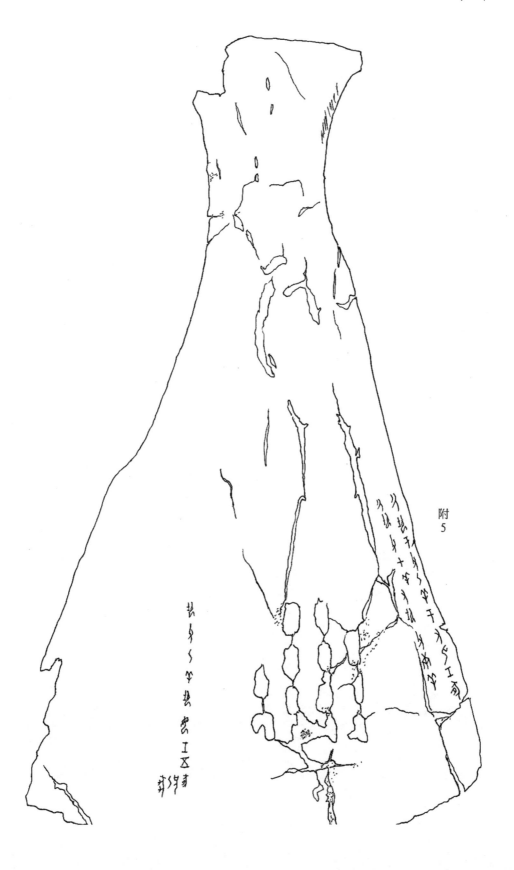

附
5

選讀釋文

H1

2（H1：3）

　　☐貞：其⸂自上甲，幾大示，其☐？

按：本版是 1973 年安陽考古發掘隊先後在小屯南地緊靠村口公路上的兩次發掘，共 21 個探方中的第 1 個灰坑（H）的第 3 片出土甲骨。《小屯南地甲骨》（簡稱《屯南》）編列在第 2 版。

　　「貞」字之前殘。《屯南》甲骨卜辭的前辭句型，一般作「干支卜」、「干支貞」。「貞」，東漢許慎《說文解字》卜部：「貞，卜問也」，字下開命辭卜問的內容。古人因有所疑而卜問鬼神，透過大量對貞、選貞、單貞的方式詢問將要發生事情的吉否、宜否、受祐否，故命辭的句末率用問號作結。命辭前省主語。

　　「其」，有將然語氣的語詞，強調其後馬上要進行的事。「⸂」，象豎直的長柄飄狀器形，具灑奠酒水、牲血以祭的功能，或為「勺」字初文，屬祭祀動詞。「幾」，从几案从不固定的血點，于省吾說；示塗牲血於几上以獻祭，屬祭祀動詞。「自上甲」和「大示」二詞在語意上是一起連讀理解的。「大示」，即大宗。卜辭命辭陳述祭拜活動的順序，是由⸂而幾，先用勺灑奠的祭儀祭祀，接著用塗几獻牲血的祭儀祭祀，祭拜自殷先公「上甲」開始的各個直系大宗。《史記》索隱：「皇甫謐云：微字上甲。」

　　命辭的第三分句「其」字之後殘辭，或即具體祭牲名和牲數的記錄。對比《屯南》〈672〉（H17：148）的（2）辭：「☐〔𠺾〕以牛，其⸂自上甲，幾〔大〕☐？」，這裡連用「⸂」和「幾」二祭儀所奠獻的內容，也應是指附庸貢獻牛牲的血水。

　　本版的「自」字作⸜，是一較晚出的字形。

7（H1：12）

（2）☑〔令〕多射▨馬☑于靳？

按：〔令〕字殘。「多馬」成詞，是殷職官名。〈693〉有「□□卜：其呼射豕，叀多馬？吉。」、〈4029〉有「☑多馬☑弜令☑眾☑？」。「多馬」，是殷武官的一種，能騎射。「射▨」，是指射官名▨，乃「多馬」團隊中帶頭的一人。「▨」，或隸作面。此命辭言命令多馬的射▨於靳地做某事，卜問吉否。《屯南》原釋文以「多射」為官名，以「▨」字為征伐動詞，以「馬」理解為馬方，都是錯誤的。此辭屬兼語式的句型，應是時王號令「多馬」職官的射▨於靳地進行某項活動，「多射▨馬」是大類詞組包括小類詞組的變異組合，常態詞組應寫作「多馬射▨」。

8（H1：15）

（1）〔馬〕□先，王□每？〔雨〕？
（2）馬叀翌日丁先，戊王兌从，不雨？
（3）馬弜先，王其每？雨？

按：卜辭由下而上分段讀。第（1）辭殘，當讀為「馬弜先，王其每？雨？」，屬特殊的「一辭二卜」例。一般一條卜辭只卜問一件事的吉否宜否，這裡的命辭斷讀為三分句：第一句為陳述句，第二、三句都是詢問句，「每」，字讀敏，有暢順、捷疾的正面語意。「雨」，降雨；動詞。這裡卜問殷王將會順利嗎？會下雨嗎？（2）（3）辭是正反對貞。二辭句意互補，（2）辭首句「馬先」和（3）辭首句的「馬弜先」相對。「馬」是職官名，或為〈7〉版的「多馬」之省，「馬先」和（2）辭次句的「王从」前後語意相呼應。「先」字一般用為副詞，即先後的先，下接省略的行動類動詞，如〈29〉的「令以示先步」、〈31〉的「先酚某祖」、〈618〉的「先祝二升，酒各□祖乙」、〈651〉的「叀岳先酚，酒酚五云，又雨？」、〈658〉的「其先燎，酒省鼓？」等句例是。卜辭有「先 V，酒 V」句，二副詞前後相承。

　　（2）辭的時間詞「翌日丁」加插於「馬先」之間，與次句的「戊」日前後呼應。「叀」，一般用為對貞肯定句的句首語詞，也作為移位句的移位標誌，這裡是以「叀」字帶出時間詞，加插於句中。此言次日丁日馬官先行，第三日的戊日殷王親自「兌从」隨行，詢問不會下雨嗎？（2）辭首句副詞「先」之後似省略一行動

的動詞。「先」字也可理解副詞作動詞用，有帶頭的意思。次句「戊王兌从」之前在語意上省略對應的副詞「迺」。「兌」，或即銳字，有疾意，指快速。「兌从」，意即快速趕上。首、次句為陳述句，次句之後省略待詢問的「王其每」一句，末句的「不雨」亦屬詢問句。

（3）辭否定句的首句，應是完整的「馬更翌日丁弜先 V，戊王迺兌从」二句之省略。「弜」，从二弓，字與从弓的「勿」字同源，用為否定詞。卜辭的用法，一般是由「勿」而「弜」。

（2）（3）辭均省前辭，只記錄命辭，其中的首句相互正反對貞，末句又是反正對貞，分別卜問馬官是否先行，和會否下雨。二辭卜問的句型特別。

本版的「翌」字增从立聲作🔲，「更」字下增厶形作🔲，「王」字作🔲，又从一豎筆作王，「比」字从曲筆作🔲，「不」字兩斜筆直書，都是晚期卜辭字形。

9（H1：16＋H2：264＋447）

（2）癸卯貞：射🔲以羌，其用，更乙？（二）
（3）甲辰貞：射🔲以羌，其用自上甲，幾至于☐？
（4）丁未貞：🔲以牛，其用自上甲，幾大示？（二）
（5）己酉貞：🔲以牛，其用自上甲：三牢，幾？（二）
（6）己酉貞：🔲以牛，其用自上甲，幾大示，更牛？（二）
（7）己酉貞：🔲以牛，其☐自上甲：五牢，幾大示：五牢？

按：卜辭在骨的厚邊由下而上，分段刻寫。卜骨殘，（3）、（7）辭亦應有兆序（二）。（2）辭命辭的「射🔲以羌」成句，言射官名🔲貢獻羌人作祭牲。「以」，字由人持物形的攜帶意，引申為具物獻上；動詞。對比〈188〉：「🔲以羌父丁」、〈313〉：「我以方矢于宗」、〈824〉：「🔲以牛于大示」等句例，互見本版（2）（3）辭的「射🔲以羌」為獨立成句。「其」，語詞，有將然的語氣，指馬上要發生的事，下接動詞。「用」，用牲，泛指殺牲以祭意；動詞。

（2）辭命辭的前二句為陳述句，第三句「更乙」是詢問句。「更」，有強調肯定語氣的語詞，指「射🔲」進貢的羌人，將要用為祭牲，是定在下旬的「乙巳」日嗎？（2）辭卜問「射🔲」所獻羌人的用祭時間，（3）辭則卜問是次獻羌人祭祀祖先由「上甲」開始，塗牲血祭至於某祖宜否。

審核本版和〈636〉（H17：95）是成套卜骨，該版卜辭序數是（一），本版序數是（二），互較〈636〉（3）辭，本版（3）辭的完整句該是：「甲辰貞：射

以羌，其用自上甲，幾至于父丁，更乙巳用伐四十？」，末句殘辭應在卜骨下端扇邊橫書。（3）辭卜問是次日乙巳日用砍首的四十個羌人人血，祭祀「上甲」至於「父丁」諸祖先宜否。「幾」，用血塗几以祭。《說文》血部：「幾，以血有所刉涂祭也。」

（4）辭的「大示」，即大宗，指直系繼位的國君。

（5）（6）（7）辭的命辭言「𢆉」其人進貢牛牲，將用其中的若干牛作為犧牲以祭，「用」的主語是殷人，而不是附庸的「𢆉」。「𢆉」，字用為殷晚期卜辭附庸或將領名，詳參本書〈3562〉版的釋讀。「牢」，从山谷从牛，指圈養的牛。（5）辭末句單言的「幾」，是「幾大示」之省，「幾」的內容是前句的「三牢」。（5）辭的祭牲書於「用」字句之後，（6）辭的祭牲書於「幾」字句後，（7）辭的祭牲則重複書寫於「用」字句和「幾」字句之後。由此可見，「幾」字慣常書於「用」字之後，是作為「用」（泛指殺牲）的具體方式而言。「用自上甲」，意即殺牲以血釁祭自上甲以降自父丁的大宗。

（5）（6）（7）三辭在同日（己酉）同時貞問用祭的祭牲是三牢抑牛抑五牢，彼此語意同而詞位不同，似有選擇性對貞的功能。

本版的「自」字作 ，「牛」字作 ，都是晚出的字形。

本版見 H1 和 H2 二坑三塊甲骨能相互綴合，又和 H17 坑的甲骨屬於同時所刻。三坑甲骨的刻寫時間有重疊的現象。

11（H1：21）

〔癸〕卯貞：酚 歲？

按：本版似為二殘骨的綴合，骨縫間有距離，但原釋文並沒有說明。字形特別異常，尤其是「貞」字所書鼎形的二鼎耳，一作圓形、一殘漏，底座的二斜筆又有漏刻。命辭簡略，只見三個祭祀動詞「酚」、「 」、「歲」並列，亦屬罕見。「酚」，用酒之祭，殷人嗜酒，此屬一盛大的祭名。「 」，用升形器奠酒血之儀式。「歲」，用斧戊砍殺祭牲之儀式。此言在「酚」祭時連續進行「 」「歲」兩種儀式。《屯南》一般只見二祭祀動詞連用例，有用一泛祭或大祭名涵蓋另一小祭儀，如〈246〉的「祝歲」、〈313〉的「酚 」、〈314〉的「酚燎」；有用二小祭儀並列，如〈488〉的「 歲」、〈774〉的「 歲」。本版三動詞並列，足見殷人祭祀的繁瑣。

16（H1：26）

　　叀⬚祝？

按：「叀」，句首語詞。中間的一字是「子」字異體，似是「⬚」、「⬚」二子形的混書。字形與屬非王卜辭一類的「花東甲骨」中專稱「子」字形近似。〈南明534〉的「叀子祝？」、〈佚 233〉的「庚子貞：告豆于大乙：六牛，叀子祝？」的「子」字形亦同。《屯南》的〈3240〉（M13：406）亦見「叀⬚祝？」一句，也應是同時同人所刻。《屯南》另只見「叀王祝？」〈774〉、「叀⬚祝？」〈1154〉例，可見能主持禱告鬼神者的階級地位，並不尋常。這裡的「子」，可能與花東子（殷王武丁之子輩。小屯村南出土的花東甲骨，是武丁中期以前的卜辭）是同一人。

H2

34（H2：11）

　　（1）⬚〔祭〕戩，又〔歲〕于祖乙？茲用。乙⬚。
　　（2）⬚〔祭〕戩，又歲于祖辛？茲用。

按：「祭」，以手持肉，肉上具數點肉汁形；用為祭名。這裡的「祭」字從肉朝上，訛作口形，字形特別，但與花東甲骨寫法相同。〈1131〉（H24：431）（6）辭的「甲辰貞：祭于祖乙，又ㄔ歲？茲用。二牢。」，句中的「祭」字形與本版同。「戩」，從戈從除下倒置的戈頭，示解甲不動干戈之意，《說文》戈部：「戩，藏兵也」。字由止兵引申有暫停、待會之意。這裡的殘辭指「祭」祭後暫時中止的意思。一般學界直接據晚出增從口的字形隸作「戠」，可商。
　　「又歲」，即「有歲」。「有」，字用為詞頭，修飾其後的「歲」字，強調此一特定的「歲」祭。「歲」，用為祭儀名，以斧戉殺牲之祭。字形和〈11〉版的寫法不同。此卜問在進行「祭」祭之後，隔了一陣，再特別以「歲」祭祀祖乙適當否。「茲用」，即「此用」，屬於「用辭」，言鬼神認同此卜兆所詢問的內容。
　　（1）（2）辭連接用「祭」、「歲」二祭儀祭拜「祖乙」和「祖辛」。按卜骨刻寫的習慣，直書一般是由外而內，由左而右，這是（1）（2）二辭順讀的依據，也符合殷王世系「祖乙」而「祖辛」二人父子相承的關係。「祖乙」，即中宗祖

乙。「祖辛」，是「祖乙」之子。原釋文另有考量而改為（2）（1）辭的讀法。

本版的「歲」字，字形省略習見的二短橫，應是較晚出的字例。「又」字，从手形作曲筆書寫，寫法特別，一般是第三、四期卜辭字形。

38（H2：20＋55）

丙子貞：令〔眾〕御召方夅？（一）

按：命辭句的動詞「令」之前，省略的主語應是「王」。「令」字下一字殘缺，但仍見字下从二人形，應為「从」「眾」類字。「眾」，為殷民動員的單位。對比〈合集 31978〉在骨臼側的「丙子貞：令眾御召方夅？」一句，應為同時同事所卜。而〈合集 31978〉一版的採錄，是來自《柏林民俗博物館》所藏甲骨，出土時地和《屯南》並不相同。換言之，當日殷人有將同批甲骨，分別儲存在不同坑穴的可能。「召方」是殷商的敵國，早見於花東甲骨、歷卜辭和賓組卜辭，如：

〈花 237〉（6） 辛未卜：丁唯好令从白或伐卲？（一）

〈合集 32815〉 己亥歷貞：三族王其令追召方，及于□？

〈合集 14807〉 辛亥卜，㱿貞：㞢于嬂召二犬，哲五牛？

「御」，過去僅一見：〈合集 33030〉：「王中卜：御召于轡？」，字或即「衜」字異體，相對於徉、衛；後、衘等異體；可參。字是「卬（禦）」字之繁寫，較晚出。「卬」，从卩从午，字象人跪於璧琮之前，示有所禱告迎神意。午，字象二璧一琮的豎立形，在祭祀時於宗廟設案置璧琮，作為鬼神陟降進出人間的出入口，也是祭拜的對象。「卬」，即禦字初文，《說文》示部：「禦，祀也」，用為泛指祭祀，求吉去禍的泛祭名；動詞。卜辭多見「卬某牲」例：

〈合集 8007〉 其卬：羊、豕？

〈合集 14789〉 卬犬于娥？

〈合集 19844〉 ▨酌祖乙，卬十牛？五月。

亦見「卬羌」、「卬奴」、「卬方」例：

〈合集 413〉 甲申卜：卬雀父乙：一羌、一宰？

〈合集 22137〉 丁酉卜：來庚卬：奴、宰？

〈合集 6761〉 □寅卜，賓貞：令多馬羌御方？

〈合集 20450〉 壬午卜，自貞：王令多冒卬方于▨？

〈合集 28013〉 其呼戍禦方及？

「方」，指外族的泛稱。「禦方」，是以外邦俘虜為禦祭的人牲。末例中的「禦方

及」，是「呼戍及方」和「呼钔方」的合文，強調禦祭的是戍官追捕的外邦俘虜。相對而言，本版的「召方卒（執）」，是指經驅執得來的召方囚犯，或指召方進貢來的囚犯。

68（H2：72＋769）

（1）弜蓺？

（2）弜又？

（3）丙申卜：舁並酙祖丁眔父丁？

按：卜辭由下分段往上讀。「蓺」，即藝字初文，象人手奉屮，示上獻植物之形；屬祭祀動詞。「又」，讀侑，也是祭祀動詞，示求佑之泛祭。「弜」，從二弓，用為否定詞，為「勿」字的同源字。（3）辭命辭省主語，「舁」，兩手持盛食的豆以獻；字或與「登」字同，祭祀動詞。「酙」，酒祭，亦為祭祀動詞。句中的「並」和「眔」分別用為連詞，動作的連詞可用「並」，人的連詞固定用「眔」。「眔」，讀逮，有及、和意。

（3）辭前辭在「丙」日卜，命辭應是指次日「丁酉」日祭祀祖先名「丁」的，句前省略時間詞。卜辭祭祀順序是「祖丁」和「父丁」。「父丁」，或指武丁。「祖丁」應是「武丁」的祖父。如此，本版甲骨是第二期祖庚、祖甲的卜辭。

76（H2：84＋569）

（1）癸☐？

（2）俎：牢又一牛？

（3）三牢？

（4）癸巳卜：其俎勿牛？

（5）弜勿？

按：卜骨諸辭由下而上分讀。（1）辭殘，和（2）（3）辭為選貞的關係，其中（2）（3）辭卜問進行的俎祭是用「牢又一牛」（一頭圈養的牛和一頭野生的牛），抑或是「三牢」（三頭圈養的牛）。「俎」，象二肉置於一砧板上，示切肉的用牲法；祭祀動詞。一般有隸定作宜；備參。（3）辭是「俎：三牢？」句的省動詞。

（4）（5）辭為正反對貞關係，或屬同日承（1）至（3）辭的選貞而卜。（4）辭屬肯定句，「其」，語詞，有將然的語氣。「勿」，即鱟字，青黑色，作為顏色詞，修飾其後的「牛」。此卜問將要進行的俎祭是會用青黑色的牛嗎？（5）辭為對貞的否定句，「弜勿」，即「弜俎勿牛」一句之省動詞和「牛」字，言俎祭不會用青黑色的牛嗎？原釋文以為「勿」是動詞，恐誤。

129（H2：207）

（1）戊午卜：父戊歲，叀□？

（2）叀牛？

（3）戊午卜：父戊歲，王〔受〕〔又〕？

按：卜骨由下向上分段讀。（1）（2）辭屬選擇性對貞（選貞）的關係。（1）辭命辭的前句為陳述句，應是「歲父戊」的移位，後句是詢問句，詢問祭牲的內容。「叀」字之後殘缺一祭牲名。這裡是用選擇的方式來讓神靈決定祭牲為何。（3）辭是在同時同事接著再卜問「王受祐」否。這版卜辭見殷人在同一祭祀時有連續處理兩個以上的貞卜。「歲」，用斧戊殺牲的祭儀；動詞。「父戊歲」一句，對比〈34〉：「有歲于祖辛」句型，見殷人對於名詞、動詞的詞性、詞位使用，仍處於一不固定的狀態。

歲祭的對象是「父戊」，並非殷王世系直系的王名，而是針對王旁系父親輩一名戊的先人的祭祀，但末句冀求的仍是「時王得鬼神保佑否」的詢問句。其中的「受又（祐）」二字，拓本模糊，「又」字後似有一重文號，或可讀作晚期卜辭習見的「王受又（有）又（祐）」，備參。「王」字屬中晚期字形。

132（H2：208）

（2）高奉，王受又？

按：「奉」，象植物形，有增从廾，示持獻農作以祭，讀如祓。《說文》示部：「祓，除惡祭也。」「高」，為「高祖」之省。《屯南》的〈916〉：「辛未貞：奉禾于高界河？」、〈3157〉：「己巳卜：其奉年高，王受又？」、〈1102〉：「□□貞：其奉禾于高祖，燎，叀勿牛？」等例可證。

卜辭省前辭，命辭的前句「高奉」，是「奉高」的倒文，即「奉禾（或奉年）

于高祖」的意思。「高祖」，似屬先王的泛稱，或指「高祖某」一專稱之省。目前看，以前者為宜。後句「王受又」，讀「王受祐」，屬詢問句，卜問時王接受鬼神的降祐否。

135（H2：218）

(1) 庚□貞：□令☒，叀□？
(2) 辛巳貞：其告，令〔望〕乘？
(3) 于祖乙告，望乘？
(4) 于大甲告，望乘？

按：卜骨由下而上分段讀。（3）（4）辭的「于某祖告」成詞，即「告于某祖」的移位句，嚴格言，和句後的「望乘」一詞應分讀。對比〈178〉：「辛亥卜：告于父丁：一牛？」、〈321〉：「☒戠，夕告于上甲：九牛？」、〈601〉：「弜秦，其告于十示又四？」、〈783〉：「于大乙告：三牛？」等例，見「告」字用作祭祀動詞，或即「祰」字初文。《說文》示部：「祰，告祭也。」段玉裁注：「天子諸侯將出，造乎禰。」「告」字作為上位者造訪於宗廟祖先之祭，「告」的對象是先祖，而「告」必有內容，字引申有告稟、告誡意。如〈243〉：「甲申卜：于大示告方來？」、〈63〉：「壬辰：于大示告方？」是。互較本版（2）辭，命辭前句「其告」是指將進行告祭的活動，後句「令望乘」，意即命令附庸部族「望乘」作某事，是告祭稟告於祖先的內容。因此，（3）（4）辭是承接（2）辭，進一步落實是次告祭的祖先，二辭或獨立單卜，或為選貞的關係，而作為末句的附庸名「望乘」，理應是省略一前置動詞「令」。

　　本版的「乘」字，象人跨越木形，上從大，有省作入形；屬同版異形。

139（H2：221）

(1) 庚子卜：祖辛歲？吉。不用。
(2) 叀羊？
(3) 叀幽？

按：卜骨由下而上分段讀。（1）辭單卜，其中的命辭是常態句「歲祖辛」的移位，卜問次日辛丑日歲祭祖辛宜否。「吉」和「不用」一般都是作為「兆語」，即

對卜兆的判斷語。「吉」是由卜兆見此一詢問內容是好的。「不用」一詞，或指結果是不用歲祭。（2）（3）辭是選貞關係，應是繼卜問（1）辭在鬼神認同「歲祖辛」一事之後，接著詢問祭祀祖辛所用犧牲的顏色。

　　殷人習慣以單卜詢問一大類事情的宜否，接著再就細部對貞卜問鬼神的取捨。此復見同版卜辭之間的因承關係，亦為研契者通讀甲骨需要注意的地方。

　　「羍」，學界有以《說文》新附字：「騂，馬赤色也。」一字論為赤紅色；備一說。「幽」，黑色；顏色詞。

190（H2：342）

（1）丙子卜：今日希召方羍？（一）
（2）弗受又？
（3）弜追召方？
（4）庚辰卜：令王族从𠀁？（一）
（5）庚辰卜：不雨？
（6）其雨？

按：「希」，象豪豬形，借為祟，作禍害意；動詞。（1）辭命辭卜問當日降禍於殷所驅捕的外族召方否。「召方羍」一詞，見〈38〉。「羍」，象枷鎖形，為「執」字之省，指囚犯、罪人一類賤民。（1）（2）辭斜邊相對，似為正反對貞的關係，對比〈4558〉（1）辭的「丁亥卜：王其𠂤執于□，王其賓若，受有祐？」句，殷王用執人的牲血祭祀，句末冀求「王受有祐」，本版（1）辭卜求降災於「召方羍」，自然可能是省略了末句冀求的「王受祐」否。因此，（1）（2）辭理論上可視作正反對貞的組合，（1）辭省略詢問句的「王受又（祐）」，和（2）辭的「弗受又（祐）」正反相對。（2）辭則省命辭的前句陳述句，只保留了否定句的後句詢問句。

　　由（1）辭的卜「祟召方」，過渡至（3）辭具體的「追召方」，（4）辭殷王命令「王族」聯同武官「𠀁」去討伐召方，三辭之間的語意和動詞，緊密相承，這反映當日殷人問神的流程句式。（5）（6）辭屬反正對貞，卜問王族征伐的是日將降雨否。卜問雨否，無疑和是次王族的征伐有關。

　　本版的「王」字作𐌕，是早出的字形，而「从」字曲筆混作「比」形，「其」字增橫畫，「不」字作𐍈，上不从倒三角形，又都是較晚出的字例。前辭的「干支卜」、詢問句的「王受又」，也都屬晚期卜辭的習見用法。

227（H2：424）

（1）壬戌▢？

（2）叀丁酓上甲，卯，又正？王〔受〕□？

按：卜骨由下而上分組刻寫。（2）辭省前辭，命辭的「丁」可能是「丁卯」日之省。「酓」，从酉从三斜筆，斜筆可能是指水點，用為酒祭，屬一大祭；動詞。「卯」，讀卿，意即對剖，是一用牲法；動詞。這是指丁日酒祭時進行剖牲的活動。「又正」，我讀為「有禎」。《說文》示部：「禎，祥也」，此屬詢問句，卜問殷王能得禎祥嗎？末句殘，由文例應補作另一詢問句的「王受又（祐）」。

　　（2）辭是「一辭二卜」的特例。對比〈613〉：「于祖丁歲，又正？王受又？」、〈2345〉：「叀鼎用祝，又正？王受又？」、〈3896〉：「其禮祖丁升，又正？王受又？」、〈4415〉：「叀甲戌用，又正？王受又？」等句例，可見「有禎」和「王受祐」同辭連續卜問，是屯南卜辭一習見的用法，也宜介定為較晚期卜辭的句例。

　　本版的「叀」字作✿，「王」字上增橫筆作王，都是較晚出的字形。

244（H2：460）

（1）秦其〔至〕夒，□〔受〕□？

（2）弜？

（3）秦其至河，王受又？

（4）〔弜〕？

按：卜骨由下而上分二組讀。（1）（2）辭是正反對貞，（3）（4）辭是正反對貞。對貞的否定句只保留一否定詞「弜」，復省略詢問句「王受祐」。

　　「秦」，即𢇭字，獻農作之祭。「夒」，又稱「高祖夒」，過去有認為是殷族始祖的「帝嚳」，備一說。本版卜辭，用正反的方式連續卜問祭拜先王和河神，時王能得到保佑否。「秦其至夒」、「秦其至河」，用法和「秦于夒」、「秦于河」同。卜辭復有「至于」連用例，如〈合集 2920〉：「貞：蓺，秦至于丁、于兄庚？」是。對比〈合集 27370〉：「其秦在父甲，王受又？」、〈合集 28274〉：「于大甲秦，王受年？」等，亦可互參。因此，卜辭言「秦，其至某祖」、「秦于某祖」、「秦在某祖」的用法相近似，此亦見殷人書寫表達的靈活多變。

（2）詞的「弜」，刻寫位置正在（3）辭的「又」之旁，或可理解「又」字為（2）（3）辭所共用，（2）辭作「弜又？」，參考的文例見〈88〉版「王受又」的「又」字和「受」字下的「又」旁合文同書。然此亦僅備一說。目前看，仍是以「弜？」一字獨立成句為是，且應是「弜奉」之省。（3）（4）辭對貞祭拜的，是自然神中的河神。「河」，字從水何聲。

　　本版的「其」字仍保留早出的字形，而「王」字上增橫畫則明顯是晚出的字。配合「王受祐」的用例，刻寫時間宜偏於晚期卜辭。

256（H2：477）

（2）王其涉滴，射奠鹿，亡□？

（3）丁丑卜：翌日戊，〔王〕異，其田，弗每？亡𢦏？不雨？

按：（2）辭屬田狩卜辭，全省前辭。「其」，語詞，有將然的語氣。（2）辭命辭的前二句為陳述句，言殷王將要涉水渡過滴水，接著用射的方式追捕對岸奠地的鹿；末句為詢問句，反詰的卜問「亡𢦏（災）」否。

　　（3）辭命辭的次日「戊」是「戊寅」之省。「異」，即禩，祀字的或體，見《說文》示部。「王異，其田」是陳述句，言時王先進行祭拜，並將要田獵，「田」，用為田狩動詞。其後的「弗每」、「亡𢦏」、「不雨」三個分句，都是詢問句，是一辭三卜問的特例。「每」，讀敏，有順利意，屬正面語意。「弗每」，是卜問上述殷王連串活動有不順利嗎？「亡𢦏」，再卜問殷王沒有災禍嗎？「不雨」，最後卜問次日不會降雨嗎？

　　本版的「其」字上無橫畫，是早出字例，而「翌」字增從立聲，「王」字上增橫筆，已經是晚出的字。本版應定為晚期卜辭，可見「其」字字形涵蓋時間長，可由第一期過渡至第四期卜辭，實不足以用作斷代字例。

290（H2：544）

（4）庚申貞：其𣂠于上甲、大乙、大丁、大□、祖乙？（二）

（5）叀燎？（二）

按：細審骨臼的兩側寬線，此似是象的肩胛骨。

　　「𣂠」，即禦字初文，祀也，是求去凶迎吉的泛祭；動詞。「大丁」之後殘缺

的先祖，應是「大甲」，對比屯南〈354〉的「今日上甲、大乙、大丁、大甲
☑？」、〈1042〉的「辛巳卜：上甲燎、大乙、大丁、大甲、父□？」，可證。

（5）辭的「叀」，發語詞，一般用於肯定句句首，有強調其後緊接用字的功
能。「燎」，象火燒木形，示用火燒犧牲之祭祀動詞。（4）（5）二辭下上相接，
語意或有相承的關係。二辭的兆序相同。

本版的「其」字增橫筆，「叀」字中間增從二斜筆，「不」字上已不從倒三角
形，明顯都是晚出的字形。

304（H2：571＋679）

（1）甲寅貞：其九？
（2）甲寅貞：其十又五？
（3）甲寅貞：其卅？
（4）丁巳貞：其九？
（5）丁巳貞：其十又五？
（6）丁巳貞：其卅？
（7）辛酉貞：叀甲子酚？

按：卜甲由下而上分段讀。（1）（2）（3）三辭為一組選貞，卜問是次祭牲的數
量將是九抑十五抑或是卅。命辭省略祭祀動詞和祭牲名。（4）（5）（6）三辭又
是另一組選貞，要選擇的牲數與前一組相同，都是 3 的倍數。殷人有用三骨在左中
右並排同時占卜的習慣。另，殷人祭祖，祖先神主以開國先公居中祭祀，如「上
甲」字作田，象神主正放在口中之形，其後順序的報乙、報丙、報丁，作匚、
匚、匚形，諸字外面載神主的祐櫃由正方形轉作側形的匚，此正反映殷人安放宗
廟中各神主時，是先以始祖「上甲」置於正中位置，接著的左右順次朝中向外排
列。殷人祭祖，有將祭牲和貢品分作左、中、右三堆祭拜的可能，如此，與本版祭
牲的「九」、「十五」、「卅」之數方能盡分。

對比（7）辭，（1）至（6）辭命辭省略的動詞，或同是酒祭的「酚」。

本版的「其」字作以，仍保留早出的字形，而「叀」字中增從二斜筆，
「酉」字二豎筆靠中相接，卻已是一晚出字例。本版宜為較晚時期所刻。

313（H2：580＋582＋727）

（1）丁巳卜：幾又𠁁自□？
（2）丁巳卜：三羌、三牢于大乙？
（3）丁巳卜：五羌、五牢于大乙？
（4）丁巳卜：叀乙丑酚𠁁？
（5）丁巳卜：于來乙亥〔酚〕□？
（6）庚申卜：叀乙丑酚：三羌、三牢？
（7）庚申卜：于來乙亥酚：三羌、三牢？
（8）我以方矢于宗？
（9）弜矢？

按：卜骨由下而上分段刻寫。（1）辭的「幾又𠁁」，言用塗血和奠血兩種方式祭祀，「又」，用為連詞。「自□」，言由某先祖開始，原釋文將殘字定為「成」。「成」，即「成湯」，亦即「大乙」，如原釋文可靠，本版同時並見「成」和「大乙」，很不尋常。但細審放大的拓片，「自」下一字模糊不清，由殘筆反而更像「大」字，或即作「大乙」合文。字釋「成」，實無由判斷。

　　（2）（3）辭屬選貞，針對祭祀「大乙」的犧牲和牲數卜問是三抑五。

　　（4）（5）辭是屬於另一組選貞，在同日占卜是在較近的「乙丑」日抑成較遠的「乙亥」日進行「酚」和「𠁁」祭，祭祀對象亦是指大乙。「叀」和「于」對應作為句首語詞，分別有帶出較近和較遠的語意區別用法。「來」，強調來旬，即言下一旬的時間。

　　（6）（7）辭又是一組選貞，在丁巳日之後三天庚申日，再一次確定卜問是乙丑日抑乙亥日進行酒祭大乙。（4）（5）辭強調的是祭祀動詞的「酚」和「𠁁」，（6）（7）辭補充的是酒祭具體的祭牲是「三羌」和「三牢」，兼用外族人牲和圈養的牛來祭獻。本版留下殷人固定在「乙」日祭祀「大乙」（成湯）的記錄。

　　（8）（9）辭似是另一組獨立的正反對貞。「我」，第一人稱代詞，指我們。「以」，有攜帶、奉獻意。「方」，泛指外邦。「矢」，字從豎矢增一橫筆，以區別一般的箭矢字，有置放、陳列的意思；動詞。（8）辭卜問我們獻上外族人牲陳置於宗廟之前宜否，（9）辭屬對貞否定句之省，只剩下否定詞和動詞。

　　本版的「羌」字，項上增從枷鎖繫繩，「叀」字下增具結狀半弧形，都是較晚出的字例，再對應前辭的「干支卜」用例，本版應是晚期的卜辭。

339（H2：632）

（1）壬午卜：乙酉昜日？（一）

（2）乙酉攸？（一）

（3）乙酉不攸？（一）

（4）壬辰卜：又大乙，乙未？（一）

（5）壬☑？

按：本版卜辭兼用卜問天氣和祭祀。（1）辭單卜，卜問三天後「昜日」否。「昜」，字源自「益」，由水多意引申有增多的意思。「昜日」即「益日」，即今言烈日，俗稱大太陽的日子。（2）（3）辭正反對貞，前省前辭「壬午卜」。「攸」，字讀啓，放晴。（4）辭命辭的時間詞「乙未」移於句末，常態句應置於句首。句例與非王卜辭的用法相同。「又」，字讀侑，求祐之祭；動詞。

　　本版的「酉」字中二豎筆作Ｖ形，「不」字中間不作倒三角形寫法，都是較晚出的字形。殷先王成湯在早期卜辭多見稱「成」、稱「唐」，及第三至五期卜辭才習慣改稱作「大乙」。

423（H2：772＋775）

（1）辛酉卜，貞：今戌受禾？

（2）不受禾？

（3）叀東方受禾？

（4）☐北☐〔受〕禾？

（5）癸亥☑：酌劦〔自〕〔上〕〔甲〕？

按：（1）至（4）辭由下而上讀。（1）（2）辭是正反對貞。「今」，字下漏一短橫，「戌」，應即「歲」字之訛，《屯南》多見這一字的誤書，如〈750〉，可提供作斷代系聯的特殊字例。「今歲」，言當下的一整年。「受禾」，言承受鬼神保佑種植的禾得以豐收。

　　（3）（4）辭屬選擇對貞，是承（1）（2）辭接著卜問「受禾」豐年的具體方位。殷人已具備四方和中（大邑商、中商）的相對應觀念。

　　（5）辭另刻於骨下。「劦」，讀協，大合祭；動詞。是次祭祀以酒祭一盛祭始，以劦祭一大合祭終。祭祀對象，是由直系大宗的祖先「上甲」開始。

本版的「不」字，和〈339〉版字形同，「更」字也是較晚出的字形。

H17

590（H17：29）

　　丙申卜：父丁羽日，又攴？雨？

按：命辭首句屬陳述句，意即次日丁酉日祭拜父丁；省略祭祀動詞。「羽」，讀翌，次日。「翌日」，時間詞，移位於句末，指「丁酉」日；此詞另有用為五種周祭中之一專祭名，備參。末二分句為詢問句，屬「一辭二卜」的特例。「又攴」，讀為「有啟」，卜問會放晴嗎？「啟」，有日出、放晴意。《說文》日部：「啟，雨而晝姓也。」段玉裁注：「雨而晝除見日則謂之啟。」末句的「雨」字，獨立成句，卜問會下雨嗎？當日占卜時的語境是正在下雨，才會卜問次日的天氣會是晴抑雨否。

608（H17：56）

　　（1）丁丑貞：又匚于高祖亥？
　　（2）□〔牢〕？（一）
　　（3）二牢？（一）
　　（4）三牢？（一）
　　（5）五□？（一）
　　（6）□□？（一）
　　（7）□□？（一）
　　（8）丁未貞：酚高祖匚，其牛，高妣？

按：（1）辭的「又」，讀侑，祭祀動詞，用為祈求降佑之泛祭。「匚」，字作雙鉤複筆書寫，即古文獻中的禦、祊、報字，象安置神主的祐櫃形。「高祖亥」，即殷先祖「王亥」。《史記》〈殷本紀〉作振。殷人已有祭拜宗廟神主的風俗，而神主一般固定放置於木櫃之中。這裡是針對高祖王亥的神主進行侑祭，卜問吉否。接著（2）至（7）辭，由下而上分段讀，記錄的都是「若干牢」，這和（1）辭卜問祭祀高祖亥之後進一步要決定的祭牲數可能有關，諸辭或理解為選貞的關係。

「丁丑」日過了兩旬的「丁未」日，（8）辭命辭酒祭的「高祖」，或亦「高祖亥」一專名之省稱。「高妣」，宜為高祖王亥的配偶。「其牛」獨立分讀，指是次酯祭高祖亥神主櫃的祭牲，將是牛一頭，「其牛」句組前省略了祭祀動詞。這裡見占卜的天干和祭祀的遠祖名不見得是相對的。

本版字形多異體，「貞」字（8）辭見左上漏書鼎耳部分；「牛」字（8）辭見牛角中間作一橫畫，但（3）（4）辭「牢」字从牛字中間則作常見的二斜筆向內分書。「高」字（8）辭見字上少一短畫，而（1）辭卻多一短畫。

本版的「酯」字，从酉中二豎筆作Ｖ形書寫，是一較晚出的字。前辭的「干支貞」也是晚期卜辭習用例。

619（H17：67＋83＋M13：144）

（1）王叀盂田省，亡戈？
（2）叀喪田省，亡戈？
（3）不遘小風？
（4）其遘小風？
（5）不遘大風？大吉，茲用。
（6）其遘大風？

按：卜骨由下而上分段讀。「省」，从目專注於一線，有巡察意；動詞。《說文》目部：「省，視也。」段玉裁注：「省者，察也。察者，覈也。」（1）（2）辭可理解為二獨立卜辭，殷王先後巡視盂和喪地的田地，卜問此行無災否。二辭亦可視作選貞的關係，卜問殷王省視盂地抑或喪地之田。目前看，以前一說法為是。「王叀盂田省」，是「王省盂田」一常態句的移位，賓語「盂田」前置，「叀」字作為語詞，加插在「盂田」的前面，有區隔主、賓語的功能，亦可視作變異句移位的標誌用法。

（3）（4）辭正反對貞，承（1）（2）辭卜問「王省」行程的天氣狀況。「遘」，从辵，是「冓」字較晚出的寫法，《說文》辵部：「遘，遇也」。字與（1）辭「王」字作玊，應是比「朩」形較晚出的寫法一樣，可以互參。「風」，是鳳字的假借。

（5）（6）辭正反對貞，又是繼（3）（4）辭後再追問的天氣。兩組對貞先寫否定句，再寫肯定句，似乎傳達貞卜者主觀的心態，是不想要遇到風的。「大」和「小」，語意相對。殷人對於「大小」、「上下」、「左中右」、「今來」、「四

方中」、「更于」等相對觀念，已能作出明顯的區隔。

　　（5）辭卜兆右旁的兆語「大吉」、「茲用」，拓本模糊不清，僅據原釋文備
一說。

624（H17：78）

　　（1）辛亥卜：翌日壬，旦至食日不□？大吉。
　　（2）壬，旦至食日其雨？吉。
　　（3）食日至中日不雨？吉。
　　（4）食日至中日其雨？
　　（5）中日至郭兮不雨？吉。
　　（6）中日至□〔兮〕□□？

按：卜骨由下而上分段讀。一般第一辭都是較完整的書寫，接著的相關卜辭會有省
略的現象。對貞書寫的第一辭亦比較完整，也是占卜者心裡主觀傾向的內容。本版
記錄一天中的時間分段，屬卜雨卜辭。

　　（1）（2）辭反正對貞。（1）辭先刻，保留前辭的「辛亥卜」，記錄占卜的
日子。命辭「翌日壬」，指次日壬子，省略了地支。「旦」，是太陽剛出的一段時
間，即早上六時左右，時段和「明」、「朝」相約。「食日」，又作「大食」，指
早餐的一段時間，約早上八至九時一段。「中日」，又作「日中」，指日在中天，
相當於正午十二時的前後。「郭兮」，又稱作「郭」。「郭」象城郭形，「兮」讀
曦，即日光，「郭兮」是指日光斜照城頭上的一段時間，屬於「昃」（約午後二時
許）、「昏」之間，應是在午後四時左右。「郭兮」之後相接的時間詞，應為
「昏」、「暮」、「夕」一類日落的字。

　　（3）（4）辭反正對貞，其中（3）辭卜兆右上見兆語「吉」，表示貞卜者判
斷此兆所詢問的內容是好的，認為這時段不會下雨。（5）（6）辭又是一組反正對
貞，（5）辭旁亦有兆語「吉」。

　　本版的（2）（5）辭兆語「吉」字，拓本模糊不清，僅據原釋文備參。

631（H17：84＋M13：57＋251＋275）

　　（1）祖乙〔歲〕：〔三〕勿牛？
　　（2）弜勿牛？

（3）丙辰卜：二牢，征歲于中丁？

（4）弜征？

按：卜骨由下而上分段讀。勹，讀為黧黑字；顏色詞。《說文》（1）（2）辭正反對貞。二辭都省略前辭，其中的（1）辭應是「乙卯卜：歲祖乙：三勹（黧）牛？」的命辭移位句，（2）辭否定句命辭省「歲祖乙」一分句和祭牲前的數詞，常態句應作「弜歲祖乙：三黧牛？」。

（3）（4）辭是另一組正反對貞。（3）辭見丙辰日卜問次日丁巳日繼續歲祭「祖乙」之父「仲丁」。「征」，讀延，有持續意。《說文》：「延，長行也。」段玉裁注：「引申則專訓長。又曰延，偏也。」（3）辭的命辭見祭牲移前於句首，常態句是「征歲于中丁：二牢？」，而（4）辭應是否定句「弜征歲于中丁：二牢？」一句之省。

本版見卜辭多省略句和移位句的句型，需要先掌握卜辭的常態用意，才能正確的分析卜辭的變異句法和內容。

本版的「牢」字，從牛的牛角中間作一橫筆，而同版的「牛」字仍作習見的二斜筆朝內書寫，屬「同版異形」。

644（H17：110）

（1）丙寅貞：岳壱雨？（三）

（2）弗它雨？（三）

（7）壬申貞：雨？（二）

（8）壬：不雨？（三）

按：卜骨一般是由下而上讀。（1）（2）辭正反對貞。「岳」，即嶽字，象山中有屮，山外復有山形，字用為自然神中的山神。「壱」，從它（蛇）咬人趾，引申有禍害意；動詞。學界有擬測字從虫聲而釋讀為「害」字，並不是事實。卜辭見除上帝之外，自然神的河、岳也能影響降雨等自然天象。（2）辭省前辭，命辭又省主語「岳」，動詞的「它」，亦即壱字，省止。

（7）（8）辭下上相承，亦應是正反對貞。（8）辭的讀法，可能是「壬申貞：不雨？」之省。

本版的「貞」字下從二短橫，寫法特別。「不」字上作倒三角形垂直和三弧筆的異體，見於同版。

651 (H17：120)

（1）叀三羊用，又雨？大吉。
（2）叀小宰，又雨？吉。
（3）叀岳先酚，迺酚五云，又雨？大吉。
（4）☑五云☑，□酚☑？

按：卜辭由下往上分段讀。（1）（2）辭屬選擇對貞。（1）辭命辭的前句是陳述句，乃「用三羊」的移位。「叀」字屬句首語詞，也作為賓語前置的標誌用法。後句「又（有）雨」是詢問句，卜問有下雨嗎？（2）辭命辭的前句省祭祀動詞「用」。「宰」，从山谷从羊，指特殊圈養的羊。句乃「用小宰」之省略兼移位。此可互證卜辭中多見的「叀若干牲」句例，可視作「叀若干牲用」之省略。（1）（2）辭是卜問用牲要以三羊抑小宰，才會有雨？

卜兆右旁見兆語，知（1）辭卜問的內容是「大吉」，而（2）辭也是「吉」。

（3）（4）辭應屬另一組選貞關係，卜問先酒祭岳神，然後再酒祭五雲（或指四方和中央的雲，或指五彩雲），會有降雨否；或是先酒祭五雲，然後再酒祭岳神，會有降雨否。（3）辭的首句是「先酚岳」的移位。「先V，迺（乃）V」句，是敘述二事先和後相承的關係。

本版的「岳」字寫法特別，似為常態字形之訛寫。「雨」字見同版異形。「酚」字从酉，中二豎筆改作V形書寫，和「叀」字都屬晚出的字。

657 (H17：126)

（1）甲寅卜：其异岂于祖乙、小乙眔？大吉。
（2）弜眔？
（3）祖乙卯宰？吉。
（4）宰又一牛？
（5）二宰？大吉。
（6）☑宰？
（7）小乙其眔一牛？
（8）庚午卜：兄辛岂，征于宗？茲用。
（9）叀勺？
（10）弜勺？

按：屯南卜骨習慣由下而上，由左而右分組讀。（1）（2）辭正反對貞。（1）辭祭拜的祖先，是常態句「祖乙眔小乙」的移位。「眔」，即逮，及也；連接詞。前辭的「甲」字不清，據原釋文釋讀。此言前辭在甲日卜，貞卜祭祀祖先某乙，句意是指在次日乙日（乙卯）祭祀「祖乙」和「小乙」。「昇」，雙手持豆，有獻祭意，讀如登。「鬯」，音暢，用為迎神的香酒，《說文》鬯部：「鬯，以秬釀鬱艸，芬芳攸服，以降神也。」段注：「秬釀為鬯。築煑之鬱艸，合和之降神。秬，黑黍也。鬯，香草也。」。（2）辭是「甲寅卜：弜昇鬯于祖乙眔小乙？」一句之省，否定句只保留一個連詞，句子嚴重省略。

（3）至（5）辭是選貞關係，應是乙卯日登獻香酒給祖乙時，同時要用「卯」（卿）對剖的方式殺牲祭祀祖乙，這裡卜問「卯」的內容是牢抑牢又一牛抑二牢。其中的（5）辭見兆語「大吉」，（3）辭見「吉」。

（6）辭見於卜骨最上方殘缺處，與（3）至（5）辭有一段距離，彼此恐非同組，反而和（7）辭有下上的關聯。（7）辭省動詞，連詞「眔」出現在祭牲「一牛」之前，對比句意，似是「祖乙眔小乙，其卯一牛？」的省移。

（8）辭獨立一辭，庚午日占卜，祭祀兄辛以香酒，因此命辭是指在次日辛未日獻香酒於兄辛，命辭前句「兄辛鬯」，是「其昇鬯于兄辛」的變異句。「兄辛」，應是康丁之兄「廩辛」無疑。本版自可推定為第三期康丁卜辭。「征于宗」，或是「征昇于宗」之省。征，有延續、接著意，言延續登獻香酒於兄辛在宗廟之意。兆語「茲用」緊接書於命辭之後，意即占卜結果神祇同意選用這次卜問的內容。

（9）（10）辭為另一組正反對貞，由下而上讀。「勿」，讀黧，顏色詞，示青黑色。二辭省祭祀動詞和祭牲名。《屯南》甲骨見「勿（黧）牛」成詞或合書，如「其俎勿牛？」〈76〉、「祖乙歲☒勿牛？」〈631〉例。

本版的「午」字作𠂤，「其」字作𝕏，「叀」字作𝄞，都是標準的較晚出字例。特別是「其」字形常見於第四、五期卜辭。此外，「用」字倒書，「吉」字作𠄡、𠄡，「牛」字作𝕐、𝕐，「牢」字作𝕎、𝕎等同版異體，亦是當時的書寫習慣。配合前辭的「干支卜」句和許多省略、移位句型，可供本版斷代分期的參考。

H23

726（H23：66）

（1）壬寅貞：月又戠，王不于一人囚？（一）

（2）又囚？（一）

（3）壬寅貞：月又戠，其又土，尞大牢？茲用。

（4）癸卯貞：甲辰尞于土：大牢？（一）

按：卜骨由下而上、由左（骨邊）而右（骨扇）讀。（1）（2）辭正反對貞。
（1）辭命辭的「戠」，象戈解除下戈頭之形，字由止兵的本義引申有隱藏、暫止
之意。一般學界是據增从口的晚出字形而隸作戠；恐是不對的。「月又（有）
戠」，這裡敘述當日晚上月亮遭掩蔽，或有指月蝕的現象。

「王不于一人囚」，「囚」，象卜骨形，借為禍字。「王不囚」成句，屬詢問
句，「于一人」一分句加插句中，強調是時王個人的意思，卜問時王不會獨自有禍
害嗎？這辭例反映殷人似已有天人交互感應的觀念，月光的不明朗，和人的吉凶有
對應的關連。前辭言「壬寅」日貞問，貞問的時間無疑是在傍晚月出的階段。

（2）辭肯定句「有禍？」，是「月又戠，王于一人又囚？」的省略。「于一人」
成詞，又見於〈合集 557〉、〈合集 4975〉，未審是否已有用為王者的代稱。

（1）（2）辭卜兆坼上有兆序（一），是成套卜辭中第一組的正反貞問，其餘
的第二組等卜問或見於其他的卜骨上。

（3）辭見單獨一辭，在「壬寅」日同時貞問，在月色不彰顯的時候，祭祀土
神，用火燒的尞的方式以「大牢」作祭牲，卜問這流程的宜否。「其又土」的
「又」，字讀侑，泛指求佑之祭；動詞。「土」，土神，用為自然神。「尞大牢」
的「尞」，即燎字，用火燒柴，作為火燒以祭土神的祭儀，燒的祭牲是「大牢」。
「牢」，外从山谷，對比「泉」字的結構可推，指人工圈養的牛。（3）辭亦有兆
語「茲用」，表示鬼神同意是卜。「茲用」二字分書於前辭左旁，橫寫成詞。

（4）辭是「壬寅」的次日「癸卯」接著占卜，卜問明天「甲辰」日燎祭土神
以大牢一事的吉否。對比「其侑土，燎大牢」和「燎于土：大牢」二句，是針對同
一事的不同敘述方式，前者用二分句表述，後者只用一繁句完成。這反映殷人書寫
的靈活和不固定。

本版「燎」字燒柴形作米、米，屬同版異形。

732（H23：73）

壬戌卜：尞于河：三牢，沈三牛，俎☒？（三）

按：卜辭在卜骨靠骨臼下方刻寫。卜兆坼上有兆序（三），亦即至少有另外的兆序

（一）（二）見於殘骨下方或他骨相當位置。命辭見殷人祭祀河神，盛大的連續用燎（火燒）、沈（投水）和俎（切肉）三種殺牲方式。介賓語「于河」置於第一個祭祀動詞之後，涵蓋其他動詞。

「燎」，強調火燒，煙冒升於天；「沈」，強調投牲於河水之中；「俎」，几上切肉成片。三動詞分祭天上、地下、人間神祇。殷人似已對神靈崇拜，有區分為天、地、人的觀念。祭牲分別都用三頭，或已是當時祭祀的習慣，分別在左中右並列的方式用牲祭拜。

738（H26：86）

（2）魯甲，史其征般庚、小辛，王受又？吉。

（3）弜征？

按：「魯甲」，字形多異體，有書作「𤔲甲」、「𠭯甲」，據世系的觀察，應相當於文獻的殷先王「陽甲」，是盤庚、小辛、小乙之兄。盤庚遷殷後，殷人祭祖有另設置一新的祭祀系統，以盤庚為祭祀之首。在祭祖時，同輩兄長的陽甲有與盤庚、小辛、小乙分開祭祀。

「史」，史官，是次祭祀的主祭者。殷商的「史」和「巫」的職司仍有重疊相類的可能。「征」，有延續意，副詞，指祭拜完陽甲之後，史官將接著連續祭拜盤庚和小辛。「其」，有將然的語氣功能；語詞。末句「王受又（佑）」，屬詢問句，卜問殷王能得到鬼神的保佑嗎？卜兆的坼上有兆語「吉」。

「王」字作王，是晚期卜辭的字形。「其」字作𠄌，卻仍保留早出甲骨的寫法。早出字例可見於晚期卜辭，而晚出字例卻不能見於早期卜辭。當甲骨並見早出、晚出字例時，理論上應考慮是一過渡時期的寫法，或偏向於較晚出字例的時期。當然，每一文字字形的早出、晚出，都不是絕對和二分的，彼此亦不見得可以相互對應。判定甲骨的斷代分期，仍宜由占卜的內容文例來系聯。本版卜辭直稱先王名號，而不以「父某」、「祖某」稱，卜辭的刻寫時間，似應在第三期廩辛、康丁之後。

（2）（3）辭是正反對貞，二卜辭均省略祭祀動詞。（3）辭省命辭的前句和最後的詢問句。「弜」，否定詞，字從二弓，和「勿」字屬同源字。

739（H23：84）

（1）甲午貞：酒彡伐乙未于大乙：羌五，歲：五牢？（二）
（2）丙申貞：酒彡伐大丁：羌五，歲：五□？（二）

按：據干支次序，卜辭由上而下讀。（1）辭命辭連用三個祭祀動詞：「酒」（酒祭）、「彡」（灑奠血水之祭）、「伐」（砍人牲首）。時間詞「乙未」由句首後移，加插於句中，明確點出丙申日貞問要進行祭祀的時間，是次日乙未日，乙日祭大乙。三個祭祀活動中，酒祭作為酒祭，是一大祭祭名，「彡」和「伐」是酒祭中的兩項祭儀活動，用的是羌人五個，以羌人的人血提供「彡」祭，以羌人的人頭提供「伐」祭，另外又進行「歲」（用斧戉斬殺）之祭，屠殺五頭圈養的牛作為祭牲。卜辭詢問句省，省略句意是卜問是次祭祀的宜否吉否，或殷王受佑否。（2）辭是甲午日的隔日「丙申」問神，卜問次日「丁酉」同樣進行「酒」「彡」「伐」和「歲」祭祭祀大丁的吉否，命辭中又省略了時間詞和介詞。（1）（2）辭右旁卜兆上見有兆序（二）。

本版的「午」字作↓，「貞」字平頭作閄，「未」字作╫，「羌」字作？等，都是晚出甲骨字形，但「其」字作╲，仍維持早出甲骨的字。（1）辭「彡」字似是刻寫時漏而補上去的。

744（H23：92）

（1）癸卯卜：甲攸？不攸。冬夕雨。（一）
（2）不攸？允不攸。夕雨。（一）
（3）孚雨于？？（一）

按：卜骨由下而上分組讀。（1）辭前辭作「癸卯卜」，命辭的「甲攸？」是「甲辰攸？」之省地支。「攸」，讀啓，言放晴見日；動詞。（1）（2）辭正反對貞，卜問甲辰日天氣放晴否。因為癸卯日一直下雨，所以才會有此卜問。（1）辭的「不攸」一詞橫書，正暗示這裡開始離開命辭的內容，是屬於驗辭部分。言在次日甲辰並未放晴，在「冬夕」一段時間仍在降雨。「冬」，讀終。「終夕」言由白天一直至整段傍晚時間。「雨」，動詞。「攸」和「雨」用為相反詞，正可反證「攸」字作為放晴的用法。

（1）（2）辭對貞句都有驗辭追記的內容。「允」，誠然、果然意，字帶出驗

辭內容，在（1）辭中有省略。

（3）辭的「㝢」，即寧字初文，安也。「寧雨」，言求雨的止息。「雨」字於此用為名詞。「🐾」，殷先公名，有決定大自然變化的能力；學界有以為是契，僅備一說。三辭右旁卜兆上有兆序（一）。

本版的「不」字作𣎴，字上具一橫筆帶出弧形三垂，但不見較早期的倒三角形寫法。

748（H23：97）

（2）父己，卯牢，王受又？

（3）二牢，王受又？

（4）三牢，王受又？

按：卜骨由下而上讀。（2）（3）（4）辭屬選貞關係。句例參見〈657〉版。（2）辭句意較完整，「父己」之前省一祭祀動詞，「卯」是用牲法，讀𢧵，有對剖之意。（3）（4）辭之前兼省祭祀對象「父己」和「卯」字。三辭卜問剖牲是用「牢」抑「二牢」抑「三牢」，殷時王才得鬼神的保佑？

本版的「牢」字作𡂡，與非王卜辭字形同。對比祭拜的「父己」，並非殷王世系名，可以互參。「王」字作王，則屬晚出甲骨的字形。詢問句「王受又（佑）」，也是晚期卜辭習見用例。

750（H23：100）

（2）甲午貞：今戌受禾？

（3）甲申貞：又彡伐自上甲？

（4）辛卯貞：其𡩈生于妣庚、妣丙：一牢？

（5）丁酉貞：燎禾于岳，燎五牢，卯五牛？

按：卜骨由下而上分段讀，卜辭之間有界劃。（2）辭命辭的「今戌」，應讀作「今歲」。將「歲」字書寫成「戌」，《屯南》並不是孤證，可能是某刻工書寫的習慣。「受禾」，指農作承受鬼神的保佑得以豐收。

（3）辭是（2）辭「甲午」日經過50天之後才進行的貞卜。「又彡伐」連用三個祭祀動詞，其中的「又」，讀侑，求佑的泛祭。「彡」，灑酒血之祭。「伐」，

砍首之祭。詞組是由一泛祭帶出二用祭儀式。這裡祭祀的對象是成群祖先，由「上甲」開始。

（4）辭「秦生」，「秦」讀為祓，象持農作物以獻祭；動詞。「生」為祈求的內容，字從屮從一，象植物生長冒出形，字意本應和「秦禾」、「秦年」用例相當。然而，卜辭「秦」祭的對象，一般都是男性先王名，如〈601〉的「于父于秦」、〈1096〉的「其秦禾□高祖」、〈1111〉的「秦于大甲、父丁」、〈2129〉的「秦自上甲六示」、〈3083〉的「其秦禾于示王」等，但唯獨「秦生」一詞，求佑的對象卻都是母妣，如〈1289〉的「其秦生妣庚」、「其秦生于高妣丙」是。再對比〈合集 13925〉：「丁丙卜，賓貞：婦好屮受生？」例，「生」字的用法，或已另有生育意。「秦生」，言祓祭祈求生育的意思。

（5）辭是祓祭於岳神，兼用燎（火燒）和卯（對剖）兩種殺牲方法獻祭，祈求種禾的豐收。

本版的「午」字作，和〈739〉版同，「酉」字的二中豎筆改作V形，都是晚出的字例。

817（H23：186）

（1）丗五牢，王受□？
（2）丗十牢，王受又？
（3）叀五牢丗，王受又？
（4）叀十牢丗，王受又？
（5）尞二牢？

按：卜骨由下而上分組讀。（1）（2）辭為選貞，前句為陳述句，後句為詢問句。「丗」，為冊字的繁體，是祭祀時另記錄於竹木簡的稱策告神的活動。卜問記錄於冊上要獻祭的祭牲是「五牢」抑「十牢」。殷人獻祭鬼神的方式，一般是隨著祭儀即時呈獻實物，也有只登錄於冊上備日後奉獻。「又」，讀佑。

（3）（4）辭屬另一組選貞，是（1）（2）辭後的再一次詢問。（3）（4）辭前句祭牲移前，句首增一「叀」字，作為移前的標誌，亦有強調賓語移前的語氣功能。

（5）辭言用火燒的燎祭二牢，省略詢問的後句「王受又（佑）」句。

本版的「尞（燎）」字下增從火，「王」字作，「叀」字作，都是晚期甲骨的字形。「牢」字作，與非王卜辭寫法相同。

H24

890（H24：80＋192＋449＋465＋854）

（2）癸未貞：甲申酓出入日，歲三牛？茲用。（三）

（3）癸未貞：其卯出入日，歲三牛？茲用。（三）

（4）出入日歲卯▢？不用（三）

按：卜骨由下而上讀。卜辭間有界劃。卜辭在一句末癸日貞問下句開始的甲日時祭拜太陽的出入。（2）辭問用酒祭祭日宜否，在酒祭中用「歲」的殺牲方式砍殺三牛以祭。卜辭左旁卜兆的坼紋上有兆序（三），坼紋下有兆語「茲用」，見殷人對是項貞問至少成套卜問了三次，而鬼神同意是項的貞問內容。

（3）（4）辭似是選貞的組合，（3）辭是癸未日貞問次日甲申另用「卯」的祭儀拜日，用「歲」的方式砍殺三牛以祭一事的宜否吉否。由左旁的兆語「茲用」，見鬼神亦同意是項活動。至於（4）辭句末殘辭，可能是記錄不同的牛牲數，但兆語卻是「不用」，意指鬼神不認同這個卜兆。對比（3）（4）辭句型，（3）辭的命辭作二分句，前省時間詞「甲申」，（4）辭是（3）辭內容混合成的繁句，祭拜的「出入日」一詞移前，後句動詞「歲」亦移於前句動詞「卯」之前，組成複合動詞，帶出殘缺的「若干牛」。

「出入日」是「出日」、「入日」的連稱。殷人已有成熟的自然崇拜觀念，對於「日出」、「日入」的祭祀，和《尚書》〈堯典〉記錄的「寅賓出日，平秩東作」、「寅餞納日，平秩西成」的農業社會形態全同。

本版的「不」字作𣎴，「牛」字的牛首以直橫相連，「未」字下從木作𣎵，都是較晚出的字例。

910（H24：106＋371）

壬子骰〔示〕。

911（H24：106＋371）

（1）戊寅▢？

（2）己卯貞：粦禾于示壬：三牢？

　　（3）□酉□：〔于〕伊□丁亥？

按：〈910〉和〈911〉版是同一塊卜骨的反面和正面。「㱿」是武丁時期習見的貞人名。對比下列第一期甲骨習用文例，〈910〉版是在卜骨背面由活人或附庸族名進貢甲骨的記錄。相類的句例，如：

　　〈合集 116〉反　帚井示卅。爭。

　　〈合集 1248〉反　帚井示十。㱿。

　　〈合集 390〉臼　戊戌帚豈示一屯。岳。

　　〈合集 1534〉臼　丙寅邑示七屯。叔。

　　〈合集 14794〉反　卄示。

　　〈合集 1853〉臼　帚利示十屯。爭。

句末人名是負責簽收、整理的殷人人名。因此，按理〈910〉是記錄王子日活人「㱿」進貢甲骨數量的文字，時間應是第一期武丁時的刻辭。

　　至於正面的〈911〉版，「貞」字作平頭鼎耳形，是晚期卜辭的文字。（3）辭殘辭有「伊」，即殷成湯時的先臣「伊尹」。本版甲骨中的「伊尹」和殷先公「示王」同為祭祀對象，足見「伊尹」在當日生前的權勢，非比尋常，可能一度擁有殷王的實權。對比《呂氏春秋》〈慎大覽〉：「湯與伊尹盟，以示必滅夏。」，《史記》〈殷本紀〉：「伊尹迺立太丁之子太甲」、「伊尹放太甲之於桐宮三年。伊尹攝行政當國，以朝諸侯」等文獻記錄，都可互證「伊尹」在殷商王朝中的權位，足與王者相匹比。

　　「伊尹」一詞，見於殷早期卜辭的都寫作「寅尹」（𤔲），偶作「寅爽」（𤔲），受殷人長期祭祀。由同辭前辭出現的第一期貞人名：賓、㱿、亙、凸、㞷、爭等可以參證：

　　〈合集 3465〉　　癸丑卜，賓貞：出（侑）于寅尹？

　　〈合集 6431〉　　☑㱿貞：出于寅尹？

　　〈合集 970〉　　己亥卜，㱿貞：出伐于寅尹，亦出于蔑？

　　〈合集 7260〉　　乙巳卜，亙貞：勿循于寅尹？

　　〈合集 9965〉　　甲午卜，凸貞：出于寅尹？

　　〈合集 3481〉　　癸未卜，㞷貞：寅尹保我史？

　　〈合集 409〉　　丙寅卜，爭貞：出于寅爽：二羌？

「寅尹」與武丁時期多年的西北方外患「舌方」見於同版同辭：

　　〈合集 6146〉　　貞：于寅尹告舌方？

「寅尹」又與人牲「羌」作早期卜辭寫法的「𣏌」字形同辭：

〈合集 563〉　　　貞：出于寅尹：二羌？

「寅尹」改書作「伊尹」（ ），則習見於第三期廩辛、康丁，第四期武乙、文丁卜辭。和「伊尹」同辭的祭祀動詞「侑」字已寫作「 」而不作早期的「出」：

〈合集 30451〉　　其又蔑眔伊尹？

這版卜辭內容可與上引第一期的〈合集 970〉相對照。「蔑」字用為祭祀對象，應是「伊尹」同時的殷先人名。

　　至第三、四期「伊尹」卜辭一般的前辭都作「干支卜」、「干支貞」，罕見貞人名。例外的只有第三期貞人狄：

〈合集 27667〉　　□午卜，狄☒伊其賓？

「伊尹」與人牲「羌」字作晚期卜辭寫法的「 」、「 」類字形同辭：

〈屯 3612〉　　　辛卯卜：又于伊尹：一 、一牢？

〈合集 26955〉　　貞：其卯 ，伊賓？

「伊尹」和動詞賓迎的「賓」字晚期卜辭從止的「 」字形同辭：

〈合集 27057〉　　癸丑卜：上甲歲，伊賓？

「伊尹」和地支「未」字晚期卜辭作「 」的寫法同辭：

〈合集 32881〉　　丁未卜：隹伊巷雨？

「伊尹」和泛祭動詞「禦」字晚期卜辭寫作「 」的字形同辭：

〈屯 3132〉　　　☒卻伊尹五十☒？

「伊尹」有與「又歲」、「又伐」一類晚期文例同辭：

〈合集 33273〉　　丙寅貞：又歲于伊尹：二牢？

〈合集 32103〉　　癸巳貞：又伐于伊尹，其乂大乙乡？

「伊尹」又與「桒禾」、「桒雨」一類晚期文例同辭：

〈合集 33282〉　　乙巳貞：其桒禾于伊？

〈合集 34214〉　　甲戌貞：其桒雨于伊爽？

　　另外，非王卜辭中亦見「伊尹」，但是寫作「 」，與王卜辭的字形並不相同：

〈合集 21575〉　　辛亥卜：至伊尹用一牛？

〈合集 21574〉　　癸丑子卜：來丁酓，伊尹至？

　　總括以上的句例對比，〈911〉版的字形和句例，都應該是屬於晚期的卜辭。原釋文說：「正面從字體看是文丁卜辭，反面則似武丁記事刻辭。出現這種現象，可能是晚期利用了早期的卜骨。」這說法，似乎是有一定的道理。

916（H24：114）

（1）（三）
（2）辛未貞：秦禾于高眔河？（三）

按：「高」，是「高祖」之省。「眔」，連詞。「河」，黃河的專名。卜辭見人王和自然神的河神同時並祭。「秦禾」，讀「祓禾」，獻農作祭祀，並祈求種植的「禾」得以豐收之意。由兆序見卜辭是連續第三套的貞問。

　　本版的「未」字作 ，屬於晚出的字形。

923（H24：131＋1009＋T21（2A）：9＋T22（3）：51）

（1）甲辰卜，貞：乙巳王步？
（2）丙午卜，貞：王叀步？
（3）于丁未步？
（4）丙午卜，貞：丁未又父丁：伐？（一）
（5）叀丙又父丁：伐？（一）
（6）丁未卜，貞：戊申王其阱，毕？
（7）弗毕？

按：本版成組對應讀，和一般《屯南》卜骨由下而上順讀的讀法不同。版中見混雜出巡、祭祀和田狩卜辭。

　　本版卜辭的前辭作「干支卜，貞」例，應是常態句「干支卜，某貞」的省略貞人名。甲骨卜辭前辭的演變，一般是由「干支卜，某貞」而「干支卜，貞」，再進而為「干支卜」、「干支貞」的用句。

　　（2）（3）辭選貞，卜問「王步」是在當天「丙午」日抑或次日「丁未」日。「叀」、「于」二虛字固定用作對比時間一近一遠的標志。

　　（4）（5）辭為另一組選貞，卜問侑祭的時間是次日「丁未」抑或當天「丙午」日。（5）辭用「叀」字帶出近日的時間詞，「丙」，是「丙午」之省地支。「又」，讀侑，求佑的泛祭。「伐」，用為砍首的人牲一人；名詞。

　　（6）（7）辭正反對貞。「毕」，讀擒，動詞，用作詢問句。（7）辭命辭省略前句陳述句。對比〈663〉（3）辭：「乙酉卜，在箕：丁亥王阱？允毕三百又卅八。」，見「阱」和「毕」需分讀。殷人用語語序，是由「阱」而「毕」，語意相

承。「阱」字，从麋在坎穴中，為設阱捕獸；「𢦔」字，象畢形捕獸器，指擒獲、得到的意思，其後帶出具體的動物數量。

本版的「王」字作𡘾，是早出卜辭字例，但「午」字作∣、「未」字作¥、「叀」字作♦，又屬晚出的字形。

930（H24：139）

　　（1）𡧍于滴？
　　（2）貞：其𡧍秋于帝五丰臣，于日告？
　　（3）☐入商？左卜♙曰：弜入商。甲申夕至，𡧍秋，用三大牢。

按：「𡧍」，即寧字，安也。「滴」，商地水名。「秋」，象蝗蟲側形，為負面的用字。相對於「寧風」〈1054〉、「寧雨」〈1053〉例，都是殷貞卜者希望停息的自然或人為災異。「寧秋」，或指冀求秋收蟲害的平息之意。

　　（2）辭的「其」，語詞，帶出將要發生的動作。對比（1）（2）辭，「其」在句中是可寫可不寫的。命辭言舉行「寧秋」的祭儀，求佑於上帝的「五丰臣」，並告於太陽（或白天）。「于日告」，即「告于日」的移位。「告」，有稟告、呈誥命意。殷人稟告的內容，應即前句「寧秋」一事。

　　（3）辭前殘。「左卜」，或理解為卜官的職稱，殷卜時有用左中右三卜之分，三卜分別由三卜官所司掌，「左卜」為其中司卜的一員。「♙」，字从骨盛於器中，按文例宜為「固（占）」字的異體。「入商？」以前為命辭，殘。「左卜占曰」一句下開占辭：「弜入商。」，而「甲申夕」以後則為驗辭。（3）辭動詞由「入」而「至」，前者強調移動的過程，後者強調移動的目標。命辭卜問由某地「入商」，表示在貞卜時仍未進入商地。驗辭追記甲申日的傍晚「至」商，表示記錄的時候已抵達商地。

943（H24：168＋T22②：25）

　　（2）辛卯貞：其燎禾于河，尞二牢，沈牛二？
　　（3）河，尞三牢，〔沈〕牛三？

按：卜骨由下而上讀。（2）（3）辭間有界畫，二辭或為選貞關係，卜問祭祀河神，用「燎」和「沈」的方式殺牲和牲數分別是用牢和牛兩頭抑三頭。（2）辭的

「沈牛」分書，相對的〈673〉（3）辭的「其桒禾于河，沈，王受之，大雨？」一句中的「沈」字，理應是「沈牛」二字的合文。（3）辭省前辭「辛卯貞」。命辭的前句「河」，是「其桒禾于河」之省，因此，嚴式標點「河」和「燎三牢」應分讀。

　　本版見「數一名」和「名一數」的詞組同辭混用，可推知當日書面語句法的使用並不固定。

961（H24：198）

　　（1）庚申卜：又土，尞羌，俎小宰？
　　（2）癸亥卜：又□，尞〔羌〕，俎一小宰？（二）
　　（3）乙丑貞：叀亞叟以人獸？（二）
　　（5）己巳卜：乙亥易日？
　　（6）不易日？

按：卜骨由下而上讀。（1）（2）辭前後差三天，各自單貞，卜問內容相類，屬祭祀卜辭。（1）辭的「又」，讀侑，作為求佑的泛祭；動詞。「又」字亦可讀有，理解為詞頭，修飾其後的名詞土神，如此，「又土尞羌」即「尞土：羌」的移位。目前看，以前者為近是。「尞」，即燎字，用火燒柴。「俎」，切肉於砧板上；學界有隸作宜。二字作為殺牲法。（2）辭命辭中的數詞「一」，或僅為骨紋，備參。

　　（3）辭屬田狩卜辭。「亞叟」的「亞」為職官名，「叟」為私名，有用為晚期卜辭將領名。「以」，字有率領、携帶意。「人」，作為殷民勞動單位，用法和「眾」相當。「獸」，从捕獸器和獵犬，即狩字；動詞。

　　（5）（6）辭正反對貞，卜問天氣。「易日」，讀為「烈日」，指放晴出大太陽。「己巳」日占卜，卜問六天後「乙亥」日的氣候變化。

　　本版的「貞」字作平頭鼎耳形，「叀」字增橫筆作，「不」字作，上不从倒三角形的早期卜辭字形，羌字繫糸作，都是晚出甲骨的字形。燎字同版作、異體。

994（H24：255＋1405）

　　（1）己酉貞：王七首畢〔土〕方？

（2）癸亥貞：王其伐盧：羊，告自大乙，甲子自上甲告十示又一：牛？茲用。
　　　才果四隉。

（3）癸亥？（二）

（4）丁？（二）

按：卜骨由下而上讀。（1）辭命辭的「旹」，讀蔑，是加強否定語氣的語詞。
「亡旹」，即「一定沒有」的意思。「畀」，象畢形長柄捕獸器，即「擒」字的初
文。

　　（2）辭的「盧」，讀盧，用為族名、地名。《屯南》僅此一例，另〈合集
33086〉亦有「伐盧」殘辭。細審卜辭，「伐」字習用作征伐意時，一般之前都不
增列語詞「其」。（2）辭主要是卜言告祭祖先。「告」，即祮，《說文》段注引
杜子春語：「祭於祖也。」告祭之後多接祭牲，對比同辭下有用牛作祭牲例，首句
的「羊」亦宜為祭牲。因此，這裡的「伐」字可理解為砍牲的祭祀動詞，言時王將
在盧地砍殺一羊牲（或：時王將砍殺盧族進貢的羊一頭），用作稟告先王自大乙
（成湯）以降祖先的用牲。另在甲子日又砍殺一只牛牲，以告祭先公自上甲起算的
十一個大宗。「才果四隉」，即在果地的四隉（地名）。「才」，讀在。（3）辭
是承（2）辭的再一次卜問，省略後只保留前辭的干支和兆序。（3）辭外以界劃框
起，屬罕見特例。（4）辭只刻寫一天干。

　　本版的「貞」字上作平頂形，「其」字上增一橫筆，「方」字上增短橫，貞卜
「在某地」一句書於卜辭句末，都是晚期甲骨的特徵。但「王」字作大，卻仍保留
早出的字形。「羊」字作，寫法特殊，僅一見。

996（H24：256＋257＋529＋T21（3）：36）

（1）〔弜〕又？

（2）二牢？茲〔用〕。（一）

（3）三〔牢〕？茲用。（一）

（4）庚寅貞：又歲于祖辛？（一）

（5）弜又？（一）

（6）一牢？（一）

（7）二牢？茲用。（一）

按：卜骨由下而上分段讀。（4）至（7）辭為一段，其中的（4）（5）辭正反對

貞，卜問宜否祭祀祖辛，答案自然是肯定的。接著是（6）（7）辭選貞，卜問要用一牢抑或二牢祭祖辛。這種事例因承的問卜，是卜辭習見的貞問方式。由（7）辭的兆語「茲用」，見是次卜問的結果是用「二牢」（兩頭圈養的牛）歲祭祖辛。

　　（1）辭和（2）（3）辭亦應是另一組相類的接踵問卜，先用單卜詢問是否用侑祭祭某祖，接著選貞詢問侑祭的祭牲是用二牢抑三牢。「又」，讀侑，求佑的泛祭。「刊」，灑牲血以祭。「歲」，用斧戉殺牲之祭。三個祭祀動詞連用，一般見於中晚期甲骨。

　　本版的「牢」字，從牛首的双耳作橫筆，是晚出的字形。（7）辭的「牢」字，從牛復訛寫為屵形。

1055（H24：337＋340＋454）

　　（1）丁丑卜：涑，其酚于父甲，又麃，叀祖丁用？
　　（2）叀父庚麃用，隹父甲正？王受又？
　　（3）庚子卜：其涑〔妣辛〕☑？

按：卜骨由下而上讀。（1）辭命辭的「涑」，從束聲，或即𩛥字，用粥以祭；動詞。「其酚于父甲」，言將進行酒祭於父甲。「又麃」，讀「有麃」。「麃」，字有更續意。「又麃，叀祖丁用」，對比（2）辭首句，應即「叀祖丁麃用」之意，指接著的用牲祭祀祖丁。（1）辭卜問在涑、酚二祭祀中，先祭父甲，接著上溯祭祖丁宜否。（2）辭則是在用牲祭父庚之後，分別卜問父甲有降禎祥否，和時王能受保佑否。「正」，讀禎，有吉祥意。（2）辭是「一辭二卜」的特例。（2）辭命辭之前，在句意言應省略「涑，其酚于父甲」句。

　　（1）（2）辭或有選貞關係，卜問酒祭父甲之後，接續的用牲祭祖丁抑祭父庚。先「父甲」後「父庚」，是由近而遠的祭拜，可推知是指「祖庚」、「祖甲」，此版屬第三期廩辛及康丁的卜辭。

　　本版的「王」字上增短橫作王，「其」字上增橫筆作☒，「叀」字作𤔔，「庚」字上增短書作庚，都是中晚期甲骨的字例。而涑、庚字在同版都有異體。

1088（H24：384）

　　（1）甲辰〔卜〕：新邑王其公昇，王受〔又〕？吉。
　　（2）〔邑〕于刊用，王受又？大吉。茲用。

（3）祖乙⺘歲，其射？吉。

（4）弜射？大吉。

（5）伊賓？吉。

（6）□〔賓〕？大吉。

按：卜骨由下而上讀。（1）（2）辭成組為選貞關係。（1）辭命辭的前句為陳述句，常態句作「王其公昇：新鬯」，「昇」，讀登，有獻意。獻祭的「新鬯」，意即新地的香酒，或新釀的香酒。考量本版是偏晚期的卜辭，可以後一說法來理解。此言時王用「公昇」的方式獻祭新鬯。「新鬯」因強調而移前句首。後句「王受又（佑）」為詢問句，卜問時王能接受鬼神的保佑嗎？（2）辭則言「新鬯」是用「⺘」（灑奠）的方式祭祀，卜問「王受佑」否。介詞「于」有「在」的意思。由（2）辭卜兆坼下的兆語「大吉。茲用。」，見鬼神是肯定（2）辭卜問的內容。「吉」是指卜事言，「用」是對卜兆看。

　　（3）（4）辭是正反對貞。「⺘」，奠酒。「歲」，用斧戉砍牲之祭。「射」，是祭祀時的一種射箭儀式；動詞。卜問「⺘歲于祖乙」時，有否進行「射」的儀式。祭拜的對象「祖乙」又移前於「⺘歲」二動詞之前。

　　（5）（6）辭亦應是正反對貞。（5）辭的「伊」是「伊尹」之省，一般據文獻言殷先臣名，但卜辭中多見和殷先王並祭，其地位明顯非比尋常。「伊尹」的稱呼，多見用於晚期卜辭。「賓」，迎也，是迎神的動詞。「伊賓」，是「賓伊」、「賓于伊」的移位。（6）辭殘辭，命辭恐應是「弜賓？」。

　　本版三組對貞，問卜的內容各不相同，一問時王用獻或奠香酒時的吉凶，一問祭拜祖乙時用的儀式宜否，一問迎接成湯時先臣的宜否，三組卜辭似沒有語意的關聯，但時間順序是由近而遠。而且，在句型上都見屬移位句，賓語前置。

　　本版的「王」字作王，「賓」字增從止，是中晚期字形，但「其」字作⊠，仍維持早出的寫法。

1099（H24：398）

（1）庚申貞：于丙寅章召方，受又？才□□。

（2）貞：□丁卯章召方，〔受〕又？

（3）翌⊠〔步〕？

（4）于癸亥步？

（5）壬□□：今夕⊠囚？

（6）〔戊〕寅卜：今夕亡至囚？

（7）壬戌貞：　卓以眾⿰止⿱人人伐召方，受又？

（8）□□〔貞〕：〔卓〕以眾☐？

（9）己卯貞：庚辰秦于父丁：三牛？兹用。

按：卜骨基本是由下而上讀。（1）（2）辭或為選貞關係，卜問於六天後的丙寅日抑丁卯日敦伐外邦召方，時王能受佑否。「臺」，讀敦，字有正面攻擊的意思。《說文》支部：「敦，怒也，詆也。」西周時期屬王自鑄的〈宗周鐘〉見「敦伐」連用。詢問句「受又」，即「王受又（佑）」之省。「才」，讀在，其後殘辭一般接地名或某月卜。這種句型常見於稍晚的卜辭。

　　（3）（4）辭似是另一組選貞關係，卜問「王步」出巡的時間。「翌」，次日。按理貞卜日仍是「庚申」，「翌」之後接的干支應是「辛酉」或「壬戌」，和（4）辭的「于癸亥」相對。王「步」一活動似和（1）（2）辭的征伐外邦有關。

　　（5）（6）辭各自獨立單卜，卜問當天傍晚亡禍否。（6）辭前辭的天干刻寫模糊不清，有釋作「甲」，僅備一說。

　　（7）（8）辭為同一組卜辭。「召方」，殷早期卜辭多見的外邦名。「卓」，殷早期卜辭的將領名，但這裡的字形明顯潦草。「以眾」，率領群眾。「以」，有攜帶意。「⿰止⿱人人」，或讀舀，「舀伐」為征伐的複合動詞。《說文》臼部「舀」字段玉裁注：「引伸為凡刺入之偁。」

　　（9）辭獨立一辭，卜問次日持農作祓祭父丁以三牛一事宜否。由命辭之後連書的兆語「兹用」看，見神祇是同意這卜兆的詢問。

　　本版的「方」字作⿰，上增橫筆，已是晚出甲骨字形；但「囚（禍）」字作⿱，「貞」字從鼎作尖鼎耳狀，卻又似早出的寫法。「庚」字中豎向上突出，「敦」字上從二口形，卻都是誤書。「眾」字從日，中間省略短橫作「丁」形，並非常態的寫法。卜辭中的「父丁」，可能是指「武丁」。

1115（H24：413＋414）

（1）伐，其七十羌？（一）

（2）己亥貞：卯于大，其十宰，下示五宰，小示三宰？（一）

（3）庚子貞：伐，卯于大示五宰，下示三宰？

（4）癸卯貞：叀餗先于大甲，父丁？

（5）癸卯貞：丁未征⿰示，其藝？

（6）庚□貞：□子☒？

（7）庚子貞：王令皋〔金〕子妻？

按：卜骨由下向上分段讀。（1）辭省前辭，命辭復省略主語和祭祀動詞，逕言的「伐」，是指伐牲之祭；名詞。卜問是次以砍殺祭祀的伐牲，將用「七十羌」宜否。一次祭祀要動用七十個羌人為人牲，這無疑是一塲盛大的祭典。

（2）辭命辭的「卯」，是對剖之祭，屬殺牲之法；動詞。「大」，是「大示」一詞的漏刻。「下示五牢」，是「卯于下示，其五牢」的合書；「小示三牢」，是「卯于小示，其三牢」的合書。「大示」、「下示」、「小示」三詞連用，按祭牲數的「十」、「五」、「三」言，見三示地位高低的順序。「大示」用牲數，是「下示」的兩倍；「下示」用牲數，又約是「小示」的兩倍。「大示」是「大宗」，指直系先王，「小示」是「小宗」，指旁系先王；「下示」應是指大宗諸先王中距離較近的若干王，此詞另有與「上示」相對言。「示」，象神主形。殷人祭拜先公先王，有分段共祭的習慣。由（4）辭餗祭先「大甲」而後「父丁」，可以互證「大示」是指「大甲」一類的「大宗遠祖」，「下示」則是指「父丁」一類遷殷之後的「大宗近祖」言。殷人祭拜祖先的祭牲數，有分段親疏的差別。

（3）辭命辭言進行伐祭儀式，用對剖的方法殺五牢以祭大宗遠祖，殺三牢以祭大宗近祖，卜問此活動宜否。

（4）辭「餗」，從束聲，讀鬻，指用粥以祭，動詞移前句首。「叀」，字用為句首語詞，同時作為移位的標誌。「先」，作為先後的先的用法；副詞。命辭前句是「先餗于大甲」的移位，句意是卜問次日甲辰先餗祭於「大甲」，後句只有「父丁」一詞，意指接著再餗祭父丁宜否。

（5）辭的「延」，讀延，有持續意。此言丁未日持續「⼁示」的祭祀活動之後，將進行「蓺」的動作宜否。「蓺」，讀藝，字象人跪捧樹以祭，或示種植意。原釋文另隸作殈（夙），備一說。

（7）辭的「釡」，讀途，或讀屠，于省吾說，都只備一說。「皋」，用為殷早期卜辭的將領名，活人。

本版的「王」字作，「其」字作，仍屬於早出甲骨字例。「羌」字作，「叀」字作，卻又應是晚出的字形。「庚」字有作、異體。

1116（H24：416）

（1）辛巳卜，貞：來辛卯酚河：十牛，卯十牢；王亥夒十牛，卯十牢；上甲夒

　　　　十牛，卯十牢？（一）

（2）辛巳卜，貞：王隻、上甲即宗于河？（一）

（3）辛巳卜，貞：王賓河，袞？（一）

（4）弜賓？（一）

（5）辛巳卜，貞：王賓河，袞？（一）

（6）弜賓？（一）

（7）庚寅卜，貞：辛卯又歲自大乙十示又□：牛，□□幾羊？（一）

（8）癸巳卜，貞：又上甲歲？（一）

（9）弜又歲？（一）

（10）甲午卜，貞：其幾，又歲自上甲？（一）

（11）弜巳又？（一）

（12）甲午卜，貞：又出入日？（一）

（13）弜又出入日？（一）

（14）乙未卜，貞：召來，于大乙征？（一）

（15）乙未卜，貞：召方來，于父丁征？（一）

（16）己亥卜，貞：竹來以召方，于大乙￥？（一）

按：卜骨由下而上分段讀。（1）辭單辭貞問，統言祭祀自然神的「河神」和殷王世系始祖「王亥」與其子「上甲」。命辭的「來」，指下一句的干支。「酺」，酒祭，殷人嗜酒，此屬一大祭；動詞。「袞」，即燎，用火燒以祭。「卯」，讀卿，指對剖的殺牲法。「牢」，上從山谷形，屬圈養的牛。

　　卜辭祭祀殷先公的「王亥」，相當於《史記》〈殷本紀〉的「振」、《世本》的「核」、《漢書》〈古今人表〉的「垓」、《呂氏春秋》〈勿躬〉篇的「王冰」，王國維說；其中的「亥」字上增從隹鳥形，這和殷民族屬於鳥圖騰民族具密切的關係。（1）辭見殷人酒祭，奠灑酒水於河；其中用火燒牲，隨煙冒升於上天，這又與殷人對於神祇居於不同處所位置的知識有一定的關聯。祭牲數以「十」為單位，指的是對「大宗」常態用牲的數目。

　　（2）辭再一次強調殷先公和河神並祭。「宗」，宗廟。卜辭分見祭祀「某祖先宗」和「某祖先匸（神主櫃）」。「即」，字象人就簋食之形，引申有當下、立刻意。然互較卜辭的「即宗」〈合集 34372〉、「鄉（饗）宗」〈合集 32681〉的用法，「即」字在此或亦「鄉」字之省，讀饗，乃圍食之祭，祭祀宗廟神主。細審〈合集 34294〉版，內容和〈1116〉的（2）（3）辭全同，應是同時為同事所刻的卜辭。而〈合集 34294〉一版甲骨的出處，最早見於 1933 年商承祚編的《殷契佚

存》，至 60 年代為吉林大學所藏，這和《屯南》甲骨明顯是源自不同坑位：

〈合集 34294〉　　（1）辛巳卜，貞：王燮、上甲即于河？

（2）□巳卜，□：王〔賓〕河，□？

因此，「即宗于河」，意亦同「即于河」。卜辭有「即某祖于某祖」例，如〈屯 2322〉的「即岳于上甲？」，對比「某祖罘某祖即」例，如〈合集 34169〉的「夒罘上甲其即？」，句意有聯合某祖和某祖並祭的意思相近。然而，介詞「于」有強調「由此而彼」的先後過渡的流程，和連詞「罘」強調二固定的對立定點功能仍有不同。

（3）（4）辭正反對貞，卜問時王賓迎河神否。（5）（6）辭在（3）（4）辭的左內側，再一次用正反對貞卜問相同事情。

（7）（8）（9）三辭在卜骨內再由下而上刻寫。（7）辭獨立卜問次日辛卯又（侑）祭祀祖先，由先公開國的大乙（成湯）開始的直系大宗十餘世，用歲（斧戉砍殺）的方式殺一羊牲以祭，卜問宜否。由「大乙」直系算至「小乙」，剛好是十示。拓本（7）辭句在「十示」下不見有「又」字，據原釋文前言 35 頁補述：「此骨出土時十示下有又字，後在搬運過程中脫落。」目前此僅備一說。「十示」之後如果沒有連詞「又」，本版的「父丁」順理成章即指「武丁」；但「十示」之後如確有一連詞「又」，本版的「父丁」自然不可能是武丁，而是武丁之後稱「丁」的「康丁」了。

（8）（9）辭正反對貞，「侑」祭（求降佑之泛祭）先公之首「上甲」，用「歲」的方式殺牲。（8）辭命辭可讀為「又歲上甲」的移位。（9）辭為「弜又歲上甲？」之省。（9）辭上方有介劃。

（10）（11）辭為另一組正反對貞。（11）辭的「巳」，即祀字初文，用為祭祀的泛稱。「又」，即侑字。

（12）（13）二辭下上成組，正反對貞，卜問侑祭日的「出入」宜否。殷代已有專人負責逐日觀察太陽的出入，並與人為的災異有所系聯。殷人不但擁有基本的天文曆法知識，對於陰陽五行的天人關係觀念，可能也已經開展了。詳參朱歧祥《殷虛文字丙編選讀》〈丙 302〉版（11）（12）（13）三辭中「至于出丁乍火」一詞組對應「至于丁未」句的釋讀。

（14）至（16）辭刻於卜骨的中間偏左，由下而上自成一組。「來」，有歸順、來朝意。（14）辭的「召」，為外邦「召方」之省。「征」，讀延，有持續意。這裡言外邦來降，持續的祭告某祖先的意思。「大乙」，是殷祖開國之首，即成湯的廟號，一般見於等三期以後的卜辭。〈殷本紀〉：「主癸卒，子天乙立，是為成湯。」「父丁」則是先王中的最後一員。

本版的「王」字作⬥，「方」字作𢁥，「庚」字作𩵋，都是早出甲骨字形，但「午」字作∣，卻是晚出的寫法。「辛」字上有增省橫筆的異體。

1119（H24：419）

（1）庚戌貞：又于河來辛酉？

（4）癸丑卜：袞于河：牛，俎五牛？

（5）庚戌𢁥乞骨三。

按：卜骨的卜辭由下而上讀。（1）命辭的「又」，字讀侑，屬祭祀動詞，用為求佑的泛祭。「河」，自然神。「來干支」，指下一旬的時間。「來辛酉」一時間詞組移後於句末。

（4）辭的「袞」，即燎，用火燒牲之祭儀。「俎」，從二肉在且上，指在几上切肉之殺牲法；近人有改隸作宜，僅供參考。本版的「俎」字筆畫草率。

（5）辭為記事刻辭，一般直書於骨下靠側邊或背面。「𢁥」，隸作奆，由詞位看可作殷人名，負責徵集甲骨的官員。「乞」，有求意。此記錄庚戌日殷官員「奆」求得卜骨三塊，本版牛肩胛骨是其中的一塊。對比〈2663〉版的貞人「𡖼」和〈合集13523〉：「乙未𡖼乞自霏十屯。小叙。」一相同句例，「奆」視同活人名自然沒有問題。細審《屯南》卜骨中有本版此例者多達32版，分佈在15個不同甲骨坑穴之中（H2、H4、H17、H23、H24、H48、H50、H57、H58、H84、H98、F1、M13、M16、T43），其中除了殘片3版和省略1版外，干支之後全都是記錄由「𢁥」來乞骨，字復有一例〈668〉作倒書的寫法。因此，此字恐屬一專職「乞骨」的人名，或是一常設機構的名稱。目前看，仍以人名理解為是。

1122（H24：421）

（1）癸亥貞：其又⊐于伊尹，叀今丁卯酚：三牛？茲用。

（2）亏、伊尹眔酚：十宰？

按：（1）辭命辭的「又」，讀侑，祭祀動詞。「⊏」，即匚，文獻讀祊、讀祭、讀報，象置神主的櫃之側形。卜辭祭祀祖先，有言祭「某祖匚」或「某祖宗」。這裡是侑祭於伊尹的神主櫃。「伊尹」，據傳世文獻記錄是殷成湯時的重臣名，《史記》〈殷本紀〉記載「伊尹立太丁之子太甲」，又言「帝太甲元年，伊尹作〈伊

訓〉、作〈肆命〉、作〈徂后〉」，「伊尹放太甲於桐宮三年。伊尹攝行政當國，以朝諸侯。」，對應其在卜辭中能與殷先王同祭，可推知「伊尹」在殷商王朝中的重要權位，足與帝王相約；一般「伊尹」字形見於第三、四期卜辭。

「今干支」，當下的一旬干支，「今」字與「來」字指下一旬言相對。（1）辭是癸日卜貞當下同一旬的丁卯日舉行酒祭伊尹的活動。可知殷人所謂的「一旬」十天，是由「癸」日開始算起。命辭前句侑祭伊尹是陳述句，後句謂丁卯日酒祭時用三頭牛祭伊尹宜否，是詢問句。命辭之後連書兆語「茲用」，是鬼神認同此一卜兆。

（2）辭的「罙」，即遝，讀逮，有及、和的意思，用作連詞。一般句型作「A 罙 B」，亦有變型作「A、B 罙」。「夸」，祭拜人名。（2）辭應是「王酚夸罙伊尹：十宰？」的移位。「宰」，指圈養的羊。

《屯南》〈182〉和〈215〉的綴合，與本版內容屬同文，刻寫在卜骨的位置亦相當，應是同時針對同一事所刻的卜辭。〈182〉（H2：318＋676＋708）和〈215〉（H2：397）的綴合內容是：

（1）癸亥貞：其又〔匚〕伊尹，叀今丁卯酚三〔牛〕？

（2）□□〔貞〕：□〔匚〕□夸罙酚□？

由此，可見小屯南地中期灰坑的 H24 和晚期灰坑的 H2 存在異坑同文例。

〈1122〉的「伊」字作𠈌、作𠈌，後者字形和非王卜辭寫法相近。對比（1）辭的「丁卯」和「三牛」二詞，直書成組，壓縮用一字的空間書寫，這種書寫特例又和非王早期的花東甲骨相當，很值得注意。（1）辭的「叀」字作𡧊、「牛」字作𠅫，「酚」字從酉二豎筆改作 V 形，都屬較晚出的寫法，但「其」字作𠙶、「癸」字作𤋮，又仍保留著早出字形。

1126（H24：425）

（1）□〔宔〕□弜□于〔王〕□？

（2）米？（三）

（3）弜米？（三）

（4）米？（三）

（5）王弜米？（二）

（6）丁丑貞：□以伐□？（三）

（7）東方？（一）

（8）北方？（一）

（8）西方？（一）

（10）南方？（一）

（11）商？（一）

（12）丙戌貞：父丁其歲？（三）

按：卜骨殘，但仍依屯南慣例的由下而上讀為是。（2）（3）辭正反對貞，「米」，為獻祭的內容，名詞當動詞用。卜辭多見「異米」例，如〈合集32024〉：「己巳貞：王其異南囧米，叀乙亥？」，本組對貞亦可理解為「異米」對貞之省動詞例。

（4）（5）辭亦屬正反對貞，（5）辭保留主語「王」，但兆序為（二），不可解，此或為（三）字之訛筆，整體讀法也可能是由上而下；備參。（6）辭的「伐」，作為附庸納貢的伐牲，字省从戈。「以」，有携帶意，引申持物以獻，字形是由 𝌆 而省人作 𝌆。

（7）至（11）辭為一組，或為選貞關係，或各自單獨卜問。殷人以「商」為中心，已具備「四方」和「中商」相對的觀念。花東甲骨亦有記錄「四方」和「商」選貞的卜辭，可以互參。

（12）辭命辭是卜問次日丁亥「其歲父丁？」的移位句，賓語前置。

本版的「王」字作 𝌆，「其」字作 𝌆，「方」字作 𝌆，都是早出甲骨的字形。「父丁」，可能是指武丁而言。

1128（H24：427）

（1）己巳貞：其禘祖乙眔父丁？（一）

（2）弜眔父丁，則？（一）

（3）（一）

（4）卑兕？（一）

（5）不雨？（一）

（6）其雨？（一）

（7）（一）

（8）（一）

（9）辛丑貞：王其歡，亡才？

按：本版分別貞問祭祀、田狩和降雨否。「禘」，从手持倒隹獻祭於示（神主）

前，屬祭儀一種，字和「鬳」字同，屬祭祀動詞。字从隹形一般都倒書，反映當時祭禮的具體實況。（1）（2）辭正反對貞，屬祭祀卜辭。（2）辭省略前辭，命辭的前句陳述句是「弜禨祖乙眔父丁」之省。後句詢問句「刞」，字應即「俎勿」的合文。「俎」，切肉殺牲之法。「勿」，讀犂，或即「犂牛」之省。此卜問禨祭祖乙和父丁，並用俎的方式屠殺一頭黑色牛作祭牲宜否。

（4）辭的「畢」，讀擒；動詞。應即「擒」字初文。「兕」，即累，野牛。《說文》累部：「累，如野牛，青色，其皮堅厚，可制鎧。」段注：「野牛，即今水牛，與黃牛別。郭注《山海經》曰：犀，似水牛。」此屬田獵卜辭，卜問會擒捉到累否。

（5）（6）辭反正對貞，屬卜雨卜辭。

（9）辭的「獸」，即狩字。「才」，即「𢦏（災）」字之省，省略意符「戈」而只剩下聲符。此屬田獵卜辭，卜問時王將進行田獵，無災否。

本版的「王」字作，「其」字作，仍保留早出字形，但「不」字作，多見於第三、四期卜辭，和早期的形不同。

1131（H24：431）

（1）□□貞：又彳歲于祖乙？茲用。乙酉。（二）

（2）弜又？（二）

（3）二牢？（二）

（4）三牢？茲用。（二）

（5）甲辰貞：祭于祖乙，又彳歲？茲用。二牢。

（6）弜又？（二）

按：卜骨由下而上分段讀。（1）（2）辭正反對貞。（1）辭的前辭干支殘，但對比命辭，言次日乙酉歲祭祖乙的內容，可反推前辭的干支是「甲申」日。命辭的「乙酉」，似原是句首時間詞，這裡移於句末兆語之後，屬特例。「又彳歲」三祭祀動詞連用。「又」，讀侑，求佑的泛祭。「彳」，灑奠之祭，有隸作升。「歲」，用斧戉砍牲之祭儀。由（1）辭的兆語「茲用」，見鬼神是接受對貞中肯定句的卜兆。

（3）（4）辭屬另一組選貞，是承（1）（2）辭詢問的內容而繼續進一步卜問，歲祭祖乙的用牲，是「二牢」抑或「三牢」。由（4）辭句旁卜兆坼紋下的兆語「茲用」，見鬼神是贊成用三頭圈養的牛。

　　（5）（6）辭似是另一組正反對貞。（5）辭句末的「二牢」，相對於（1）辭移位句例，似應理解是命辭歲祭的內容，故常態句是「祭于祖乙，又彳歲：二牢？」，這裡是屬於祭牲移後的變異句型。「祭」，本象手持肉形，用為祭名；動詞。字形從肉譌作口形，和非王的花東甲骨的「祭」字寫法全同。

　　本版見「牢」、「茲」、「用」、「貞」諸字，都屬「同版異形」。

1138（H24：438＋1008）

　　甲午貞：大卲自上甲六大示，燓六小宰，卯九牛？

按：「大」，形容詞，有盛大意，修飾其後泛指祭祀通稱的「卲」字。「卲」，即「禜」，求吉去凶之泛祭。「大示」，即大宗，指直系祖先。「六大示」，或指上甲（即《史記》〈殷本紀〉中的「報甲」）、匚乙、匚丙、匚丁、示壬、示癸六位先公名。〈2265〉（H57：13）有「三匚二示眔上甲」一句組可作佐證。「燓」，即「燎」，火燒之祭，這裡說燎祭六頭小的圈養的羊，換言之，是針對每一先公獻祭一宰。「卯」，對剖的殺牲法，卜辭言兼用對剖的方式宰殺九牛以祭六大宗。換言之，每一大宗又可享用剖殺的 1.5 隻牛。查〈2361〉（H57：137）（2）辭的「甲午貞：大卲六大示，燓六小宰，卯卅牛？」，和本版卜辭相類，貞卜時間相同，內容大致相同，文字字形也相同，只是「卯」的牲數有出入，二辭似是同時所卜。由此看來，H24 和 H57 二坑的卜辭句例，有相互同時使用的卜骨。

　　本版「午」字作丨，「卲」字作䚦，「自」字作㠯，「牛」字作半，「六」字作介，都是晚出甲骨的字形，但「貞」字作䒰，卻仍沿用著早出字形。本版應定為較晚期卜辭。

H39

2105（H39：3）

　　（1）己亥☒？（一）
　　（2）于岳燎禾？
　　（3）于高祖亥燎禾？
　　（4）庚午貞：河耑云？
　　（5）隹岳耑云？

（6）隹高祖亥〔壱〕云？

按：卜骨由下而上分段讀。（1）至（3）辭為一組。（1）辭殘，按同版辭例的對比，應是「己亥貞：桒禾于河？（一）」。（2）（3）辭的介賓語移前。「桒」，即祓，持農作以祭的祭名。「河」、「岳」為自然神。「高祖亥」，又作「高祖王亥」，相當於《史記》〈殷本紀〉的「振」。這裡祈求種植的「禾」豐收，卜問是求於自然神的河神抑岳神抑人王的王亥。（1）至（3）辭似為選貞關係。

　　（4）至（6）辭又為另一組選貞。「壱」，字象蛇咬人脚趾形，引申有禍害意。（4）至（6）辭的「河」、「岳」、「高祖亥」用為命辭的主語，均具神力，能影響「雲」的多寡或來去。「雲」又和「降雨」有直接的關係。這裡卜問是河神抑岳神抑高祖亥妨礙雲的升降。〈2106〉有「隹岳壱禾」一例，可互參。「隹」，讀唯，用為句首語詞，有帶出、強調主語的功能。

　　本版的「午」字作，「岳」字誤書中間作一橫畫，都是較晚出的字形。而「高」、「亥」字有同版異體，「壱」字從它和隔鄰的〈2106〉（H39：5＋12）版字形又大不相同。

H48

2157（H48：27）

（1）庚子卜，貞：王其田，亡𥃩？
（2）辛丑卜，貞：王其田，亡𥃩？

按：卜骨依慣例由下而上讀。本版是田狩卜辭。（1）（2）辭是前後日緊接相連的卜問：時王將出田獵，此行無災否。其中的「王」字作，「庚」字作，「子」字作，「𥃩（災）」字從才聲作，都是晚出用字；只是（1）辭的「其」字作，（2）辭則作，應是一字形過渡期的用例。原釋文 985 頁遂稱「本片第（1）段辭〔按：指（2）辭〕為康丁卜辭，第（2）段辭〔按：指（1）辭〕從字體上看，屬帝乙、帝辛卜辭，這也是本書同版不同期的卜骨之一。」此說可商。二辭是前後日為同一事而貞卜，文字字形明顯差異的只有一個「其」字，原釋文硬將骨上面的（2）辭先讀，亦違反了《屯南》整體卜骨刻寫的習慣。目前只能判斷是屬於晚期卜辭。就「同版異形」的角度來看，（1）（2）二辭不可能一屬第三期，另一屬第五期的刻寫。對比諸同坑隔鄰的〈2151〉（H48：21）版的：「其田，不冓

雨？」一句，其中的「其」字作🔲，「不」字下半作垂直書寫的🔲，也屬早、晚
出字形並見於同版同句之中。單純以字形來斷代分組，顯然不足為訓。

H50

2172（H50：20＋30）

(1) □□□，貞：□其田，□〔洀〕？
(2) 戊子卜，貞：王其田，亡㳡？□
(3) 辛卯卜，貞：王其田，亡洀？（一）
(4) 乙未卜，貞：王其田，亡戋？（一）
(5) 戊戌卜，貞：王其田，亡戋？（一）
(6) 辛丑卜，貞：王其田，亡洀？（一）
(7) 壬寅卜，貞：王其田，亡戋？（一）
(8) 戊申卜，貞：王其田，亡戋？（一）
(9) 己未卜，貞：王其田，亡戋？（一）
(10) 辛酉卜，貞：王其田，〔亡〕□？（一）
(11) 乙丑卜，貞：王其田，亡戋？（一）

按：卜骨由下而上，由左而右順讀。本版屬田狩卜辭，卜問殷王將進行田獵，行程
無災否。卜問時間前後超過 38 天，應該是殷王在外狩獵，途中逐程的貞卜吉凶，
貞卜地也應在田狩的地方。詢問句「亡災」的「災」字有明顯不同的寫法，分別作
「㳡」、「洀」和「戋」，見於同版同時。細微的觀察，「王」字亦有🔲、🔲、🔲
諸不同的書體，「其」字亦見🔲、🔲、🔲、🔲等構形細微的差異，於此可見
「同版異形」的字例是普遍存在的。其中的「其」字作「🔲」、「貞」字作
「🔲」，仍是早出甲骨字形，而「未」字作🔲、「王」字作🔲，「子」字作🔲，又
明顯屬晚出的寫法。

　　卜辭的「災」，有水災和兵災兩系的寫法。從水的災，最早只作水紋形的🔲
和🔲。第一期卜辭多見「出🔲」、「亡🔲」的用法：
　　〈合集 52〉　　　☑㞢貞：並亡🔲，不喪眾？
　　〈合集 17195〉　庚戌☑貞：王其出🔲？九月。
至第二、三期卜辭始固定用於詢問句「亡災」，也習見於田狩類卜辭和偶用於出巡
卜辭：

〈合集 24248〉　甲寅卜，行貞：王其田，亡巛？在二月。

〈合集 24262〉　庚申卜，行貞：王其往于田，亡巛？

〈合集 27146〉　己巳卜，狄貞：王其田，叀乙亥亡巛？

水災字形轉从才聲的，要見於第三期卜辭以後，而大行於第五期卜辭，習見「往來亡災」例。一般屬於田狩卜辭，偶也見用於征伐卜辭：

〈合集 28360〉　其田，遘麋，王其射，亡𡿧？

〈英 2542〉　☐王卜貞：田☐，往來亡𡿧？

〈英 2566〉　丙午卜，在貞：王其射抑，衣逐，亡𡿧？毕？

至於从戈的災字，隸作𢦏，一般作、。第一期卜辭用為動詞，常見於征伐類卜辭：

〈合集 6640〉　己未卜，㱿貞：王登三千人，呼伐方，𢦏？

〈合集 6834〉　癸亥卜，㱿貞：翌乙丑多臣𢦏缶？

〈英 78〉　己酉卜，永貞：我𢦏𢀛方？

第一期卜辭亦見「㞢（有）𢦏」例單獨使用：

〈合集 7685〉　丙午卜，㱿貞：戉其㞢𢦏？

至第三期卜辭有改寫作「又（有）𢦏」，開始用為詢問句：

〈合集 28089〉　王其比望，爯冊，光及伐望，王弗悔？又𢦏？

復以反詰的口吻，詢問「亡𢦏」否：

〈合集 26886〉　☐及☐方，亡𢦏？

晚期卜辭罕見「亡𢦏」成詞，作為詢問句的用例，「𢦏」字一般只用為動詞：

〈合集 37854〉　其唯今九祀丁未𢦏？王占曰：弘吉。

〈懷 1908〉　☐貞：其征盂方，叀☐受又，不沓𢦏，亡☐？□占曰：吉。在十月。王九□。

反觀這裡〈2172〉版的「𢦏」字已混从才聲，並和習見的「亡𡿧」例並見於同版同辭。版例應該是在第五期卜辭固定用作「亡𡿧」例之前的一個過渡階段。這樣「𢦏」、「𡿧」字形同版並出的句例，又見於〈2323〉（H57：81）版。

2179（H50：35）

（1）丁丑卜：在義田，來虣羌，王其于□、大乙、祖乙，又正？吉。

（2）☐幾☐？弘吉。

按：卜骨由下向上分段讀。「田」，一般用為田狩意。「虣」，原為「執虎方」的

一個專用字，這裡用為「執」字異體，象人繫枷鎖手扣之形，用作驅執、捕捉意，修飾其後的「羌」字。「來」，指來貢的人牲。「來羌」成詞。「彳」，用牲血灑奠的祭儀；動詞。時王在義地田獵過程中，用進貢捉來的羌人牲血祭獻祖先。「大乙」之前的一殘字，可能是殷先公「上甲」。「又正」，讀為「有禎」，用為詢問句；「禎」，祥也。兆語的「吉」是表示鬼神認同這一卜兆。

本版的「其」字作 ，仍保留早出字形，「王」字作 、「羌」字作 ，又明確已屬晚出的字。本版應定位為晚期卜辭。文字流變的早晚時間，每一字形明顯並不一致。

H57

2257（H57：2＋T53（2B）：125）

（1）叀喪田省，亡戋？
（2）不遘大風？
（3）其遘大風？

按：卜骨由下而上分段相承讀。（1）辭單卜，命辭前句為「省喪田」的移位，「叀」字作為賓語前置的標誌。「省」，由橫目專注於一線，引申有巡視意；動詞。句首省略主語「王」。此屬陳述句，敘述殷王省視喪地的田獵處。後句詢問句「亡戋（災）」，卜問此行無災否，習見於第三、四期卜辭。

（2）（3）辭的語意承接（1）辭追問，作反正對貞。先卜否定句，再卜問肯定句，似乎呈現貞卜者的心理意願，是傾向於先刻的一辭，希望殷王是次出巡行動不會遇到大風。「遘」，遇也。於此，足見閱讀卜辭需要兼顧整版或整套卜辭前後語意關係的了解。

本版的「遘」字增從辵，無疑是晚出甲骨的字形，而「其」字作 ，卻仍維持早出的字樣。

2281（H57：39）

☑至羽日其彡，其祝自中宗祖丁、祖甲☑〔于〕父辛？

按：殘卜骨前的「至」字，原釋文釋作「辰卜」二字；備參。「羽」，即「翌」

字，次日。「其」，有將然語氣之語詞，修飾其後的動詞。「酹」，酒祭，是殷人盛大的祭名；動詞。「祝」，象人跪从口仰天禱告之狀，用為禱告的泛祭；動詞。這裡是卜問酹祭時禱告於此一系列先祖宜否。

殷人有強調「大」、「高」、「上」、「中」用字的意味。「中宗」，指神主置於宗廟正中，強調其核心、重要的先王，字後來轉生有中興的意味。一般卜辭稱「中宗」是指「祖乙」。本辭的「中宗祖丁」，屬於特例；一可理解分讀作「中宗」和「祖丁」二先王名，「中宗」仍視為對「祖乙」的尊稱；一理解連讀，作為對於「祖丁」推崇的尊名。「祖丁」，為「祖乙」之孫。「中宗」一詞，可和開國的尊稱「高祖」相對，如「高祖王亥」、「高祖上甲」。「祖丁」是殷先王「陽甲」、「盤庚」、「小辛」至「小乙」兄終弟及四兄弟的父親，也是開啟遷殷諸王至「小乙」改以父傳子制度習慣的父輩，後世殷王故冠之以「中宗」美頌其名。另一可能，則是以「中宗祖丁」一詞，專指殷商王朝中興名主「武丁」的尊稱，如此，「武丁」—「祖甲」—「廩辛（父辛）」三代父子緊密相承，在這條卜辭通讀上亦能文從字順。目前看，如依最後一說法，「父辛」，指的自然是「廩辛」，本版卜辭屬於武乙（第四期）卜辭無疑了。

本版的「其」字作 𝄜，保留早出甲骨的字形，而「自」字作 𝄬，「辛」字省上橫筆，又似屬晚期卜辭的字。

2288（H57：44 反）

(1) 戊戌卜：今日雨？允。（三）
(2) 癸卯卜：雨？不雨。（三）

按：卜骨的正面〈2287〉主要也是卜雨卜辭，連續在「甲子」、「壬午」、「丙戌」日卜雨。因此。反面〈2288〉二辭應是承正面內容而繼續卜雨。特別的是，二辭的鑽鑿竟在正面，卜辭和兆序刻在骨的反面，這和常態的貞卜類型不同。

(1)(2)辭命辭之後接著的是書寫驗辭。(1)辭的驗辭只有「允」一字。「允」有誠然、果然的意思，言當天果然下雨。(2)辭的驗辭「不雨」則分書於另一行，以示區隔，言事後追記當天並沒有下雨。原釋文在句末用問號作結，並不正確。

卜骨的兆序用（三），表示應該至少還有兩塊卜骨在卜問相同的事。殷人問卜，往往會用左中右三塊甲骨並排同時貞問同一事，然後分別刻寫相同或相類卜辭於諸版甲骨相對位置之上。本版是卜骨的反面，骨下扇面的鑽鑿在前面，兆序

（三）卻見於背面，明顯是占卜的特例。這種正反面卜辭相承的特例用法，值得注意。

　　本版的「不」字作，「今」字下省一短橫，配合前辭只作「干支卜」，都是晚期卜辭的用法。

2293（H57：52）

　　（1）丁卯貞：又歲于大乙？（三）

　　（2）丁卯貞：乙亥又歲于大乙？（三）

　　（3）辛未貞：乙亥又歲于大乙：三牢？（三）

　　（4）大乙，伐：十羌？（三）

　　（5）大乙，伐：十羌又五？（三）

　　（6）大乙，伐：卅羌？（三）

　　（7）辛未貞：乙亥〔又〕〔歲〕于大〔乙〕：五牢又伐？

　　（8）弜又伐？

　　（9）辛巳貞：犬侯以羌，其用自？

按：卜骨由下而上分段讀，接著是由左而右讀。本版序號和原釋文稍異。

　　（1）辭卜問「侑歲」於「大乙」。「又」，讀「侑」，求佑的泛祭。「歲」，用斧戉殺牲的祭儀。「大乙」，即「成湯」在較晚卜辭的稱呼。（2）辭針對（1）辭的內容再問一次，確定了祭祀的時間是下旬的「乙亥」日。（3）辭則是根據（1）（2）辭的內容又問卜一次，更確定是次祭祀的祭牲是「三牢」。

　　（3）辭的問卜，似乎沒有得到鬼神的確認，於是再有（4）（5）（6）三辭的選貞，改變了祭牲的內容是「羌」，卜問用砍首的方式，該用「十羌」抑「十五羌」抑「卅羌」。「伐」用為動詞砍殺意，但亦可理解為名詞人牲。（5）辭的「又」，用為連詞，帶出個位數。

　　（7）（8）辭為正反對貞，卜問歲祭大乙，除了「五牢」的祭牲外，是否要連用砍首的人牲。「伐」，用為名詞。「又」，仍用為連詞。（8）辭否定句的「又伐」，應是「五牢又伐」之省。

　　（9）命辭言附庸犬侯進貢羌人，「其用自」之後漏刻或有省略祭祀的先祖，全句應是「其用自大乙」。

　　本版的「厎」字倒書。「羌」字作，「未」字作，已是晚出字形，而「其」字作，仍書寫早出的字形。

2342（H57：111）

　　□丑貞：王令𣂴尹□取祖乙：魚、伐，告于父丁、小乙、祖丁、羌甲、祖辛？

按：卜辭在卜骨的左下，句末橫書於骨扇。「𣂴」，或為殷地名。「尹」，職官名，作為主管地方的官名。「取」，以手取耳，強調取某物品以獻的祭名；動詞。「祖乙」，又稱「中宗祖乙」，是祖辛、羌甲之父。卜辭用罕見的「魚」和砍首的人牲「伐」為祭品。「告」，即祰，稟告之祭。這裡祭祀的先王名次序是由近而遠。對比〈殷本紀〉的世系名，見「祖乙」之後，是接著：「祖辛」「羌甲」（即文獻的沃甲）─「祖丁」─「小乙」─「武丁」，「祖辛」和「羌甲」兄弟為次，「祖丁」以後，父子代代相承，因此，本版緊接的「父丁」，無疑就是「武丁」了。卜辭刻寫的時間，應定為祖庚、祖甲的第二期卜辭。

　　殷人祭祖的習慣，有先獨立祭拜一重要的遠祖或始祖，接著再順序的逐一祭拜近祖。

　　本版的「王」字作𡘋，「貞」字作𢆷，都是較早出的字形。

2370（H57：147）

　　乙卯卜，貞：王其正人方，亡戈？

按：本版是征伐卜辭。命辭的「其」，語氣詞，強調其後將要發生的動作。「正」，讀為征伐的征。「人方」，方國名，姚孝遂《屯南》釋文作「尸犬」；其中的「方」字寫法，仍待討論。「人方」，習見於帝辛時東征的卜辭。這版應該是第三、四期以後的卜辭。

　　本版的「王」字作𤣩，是較晚出的字形，而「其」字作𢆷，仍維持早出的字。「貞」字筆畫錯誤，下二斜筆上突。

2383（H57：177）

　　（1）乙☒？
　　（2）弜田，其每？
　　（3）王其省盂田，不雨？
　　（4）暮往夕入，〔不〕冓雨？

（5）王其省盂田，〔蟇〕往夗入，不雨？

（6）〔夗〕入，〔其〕雨？

按：卜骨由下而上分段讀。（1）（2）辭或為正反對貞。（2）辭否定句前句的「弜田」，是「弜省某地田」之省。「田」，一般理解為田狩地。「其」，語詞，強調將要發生動作的語氣。「每」，字讀敏，《說文》攴部：「敏，疾也。」字有流暢、順利意。這裡用為詢問句，卜問殷王此行將會順利否。

（3）辭卜問時王省視盂地田狩區域時，不會降雨嗎？（4）辭承（3）辭句意，進一步具體陳述「王其省田」的時間，是「蟇往夕入」一段。「蟇」，字讀暮，傍晚，太陽快下山的一段時刻，字增从隹。由「往」而「入」，見「往」是離開某地赴外之意，強調移動的過程；「入」是具體進入某地的用法，專門針對某一固定的地點言。這裡指殷王在「暮」時離開商邑（或指首都地），在「夕」（月亮剛出現的一段時刻）時進入盂田。卜問這時段不會遇到下雨嗎？「不」字形模糊，備參。

（5）（6）辭或為一組反正對貞，另改問王進入盂田的時段，是「暮往夗入」時的雨否。「夗」，即夗字，指月在天邊，仍未天亮的一段時刻。「夗」應該是「夕」之後「朝」之前的一段時間。「夗」，原釋文釋作藝，姚孝遂釋作每，備參。

本版的「其」字作 ⿱凵八，是早出的字形，但「王」字作 壬，「不」字作 杏，已應是偏晚的字。

2384（H57：179）

（1）庚辰貞：其陟〔自〕高祖上甲？茲〔用〕。王固：茲☐。

（2）庚辰卜：王？（一）

（3）庚辰卜：王？（二）

（4）庚辰卜：王？（三）

（5）庚辰卜：王？（四）

（6）庚辰卜：王？

（7）庚辰卜：王？

（8）庚辰卜：王？

（9）庚辰卜：王？

（10）庚辰☐：王？

按：卜骨由下而上分段讀。（1）辭字形和前辭形式與（2）至（10）辭不同。原釋文 1010 頁認為是同版不同期的卜辭：「骨上部為祖庚、祖甲時期的卜辭，骨下半部是武乙時期的卜辭。……這是武乙時期利用了庚、甲時期的卜骨的空隙再刻辭而形成的。」這說法恐有可商處。根據《屯南》卜骨刻寫的習慣，一般是由下端往上分組分段刻寫的。如依原釋文蕭楠的意思，卜骨最下邊靠底部應先刻寫（2）至（10）辭，再在骨臼上方追刻（1）辭才是，不可能會在卜骨下端預先保留了一大截空間，且要等了相距二十年之後才重新卜刻於此。何況，（1）辭和（2）至（10）辭的貞卜日都是「庚辰」日，這種巧合就更加不容易了。目前評估，（1）辭字形大，（2）至（10）辭字形偏小，大小字見於同版，但關鍵的「王」字寫法卻都相同作王形。（1）辭「庚」字作，（2）至（10）辭作，字形有別。二者似是在同時所卜而刻手不同的緣故。另由（1）辭前辭作「庚辰貞」，而（2）至（10）辭前辭卻改書作「庚辰卜」；句型的不同亦可互參。

　　（1）辭是一般常態的祭祀卜辭，而（2）至（10）辭是另一種形式的卜問。後者可句讀為「庚辰卜：王？」，其中的「王」是命辭的主語，省略謂語，一般是卜問「王亡禍」否；亦可讀為「庚辰卜，王。」，其中的「王」理解為前辭問卜的貞人，全省命辭的內容。目前看，恐以後者釋讀為宜。

　　（1）辭命辭的「陟」，動詞，字象人步登山阜形，有上意、升意，卜辭用為祭祀中升獻祭品的一種儀式，如「陟豐」：
〈合集 19222〉　　癸丑卜，貞：翌乙卯多宁其征，陟豐自☑？
卜辭又見「陟告于祖乙」〈合集 22912〉、「陟于祖甲」〈合集 27339〉、「陟歲于唐」〈合集 1292〉、「大牝，其陟于高祖王亥」〈合集 32916〉等例，本版（1）辭是以升獻的儀式祭於「高祖上甲」。對殷王稱呼「高祖」的，過去只見「高祖夒」、「高祖王亥」、「高祖河」，這裡又增加「高祖上甲」一詞。「茲用」，作為用辭，言鬼神認同此一卜兆的貞卜。這裡直接緊接卜辭書寫。

　　（1）辭「王」後一字是「固」字的異體，應是「占」字的晚出字形。一般見用作「王占曰」，帶出占辭，是殷王觀察卜兆的判斷語。「王占」下的內容殘。

2438（H57：322）

　　（1）甲辰貞：□正□又□？
　　（2）丙午卜：隹岳壹雨？
　　（3）隹河壹雨？
　　（4）隹夒壹雨？

（5）丁未卜：令宁壴◇沚或？

（6）令龔◇？

（7）〔戊申〕卜：〔令〕□〔◇〕沚或？

按：卜骨由下向上分段讀。（2）（3）（4）辭為一組，三辭或為選貞關係，卜問是「岳神」抑「河神」抑「先王夒」屯害於降雨一事？三辭又或是分別獨立的單卜。目前看，以前一說解為優。「隹」，借為唯，用為句首語詞；和一般卜辭肯定句用「叀」字不同。「屯」，從蛇咬趾形，會意，引申有災害意。但近人有釋為「害」字；無據。這裡用為動詞，字形從「止」部件卻作上下顛倒書寫。山神、水神和人祇都有影響大自然降水的能力。「夒」，又稱「高祖夒」，早在王國維時已懷疑此字用為殷族開國的「帝嚳」，但迄今仍無確證。「夒」字下從止亦作倒書。

（5）（6）辭應為另一組選貞。（5）辭命辭省略的主語應為「王」。「令某做某事」，屬於兼語句式。「◇」，字不識；動詞，似象人囚困於欄籠之形，或為「囚」字的初文。「宁壴」，人名，或指宁族（或宁官）有名壴的殷臣。「沚或」，相對的亦用為人名，指沚族地稱「或」的人名。這裡用為殷王的敵人。（6）辭是「王令龔◇沚或」一句之省。「龔」，用為人名，亦屬殷臣。

（1）辭命辭殘缺，內容似為「又（侑）正（禎）？王受又（祐）？」的「一辭二卜」例，相同的用法見於〈613〉、〈2345〉、〈3896〉、〈4415〉等版卜骨，為《屯南》的習見文例。

2446（H57：332）

（1）癸酉貞：旬又希，自南又來囚？

（2）癸酉貞：旬又希，自東又來囚？

按：卜骨由下而上分段讀。（1）（2）辭為選貞關係。殷人習慣於一旬之末「癸」日貞卜下一旬的吉凶。命辭的前句為陳述句。「又」，讀有；動詞。「希」，讀祟，禍害。後句為詢問句，「囚」，象卜骨形，讀禍。字是「禍」字的初文，字形流變由「囚」而「凸」而「咼」而「禍」。近人有改讀為「憂」，恐怕是不對的。「祟」和「禍」都有災害意。細微區分，「祟」是指神靈由上而下的降災。《屯南》有「祟召方」〈190〉、「祟鬼于❤告」〈4338〉、「旬有祟自水」〈3204〉例；可參。「禍」是指外來的災禍。《屯南》有「來禍」、「至禍」〈2525〉例；可互參。

　　殷人習慣在一旬的最後一日貞卜下旬的吉凶，常態句是用反詰的方式詢問「旬亡禍」否。這裡的選貞，應是在之前已先有一占卜，且確定下旬將會發生災禍，才會繼續的接著貞問，具體禍害是來「自南」抑或「自東」的方向。

H58

2457（H58：4）

　　（1）辛☒？（三）
　　（2）弜又歲？（三）
　　（3）其一牛？（三）
　　（4）其二牛？（三）
　　（5）其三牛？□

按：卜骨由下而上讀。（1）辭殘，「辛」後的地支或為「巳」。（1）辭或和（2）辭屬正反對貞，卜問「又（侑）」祭時用斧戉砍殺的「歲」的儀式殺牲宜否。答案顯然是肯定，鬼神認同的，因此，才會接著有（3）至（5）辭的選貞，卜問歲祭的內容是將用「一牛」抑「二牛」抑「三牛」？

　　本版「其」字作𝝣，維持早出的寫法，而「牛」字作𤘈，卻已固定作較晚出改變筆序的字形。

2470（H58：29）

　　甲午卜：王其又祖乙，王鄉于宧？

按：命辭前後句均為陳述句，省略了最末的詢問句，如「亡災？」、「王受佑」一類的句組。前後二句句型古樸魯直，都以單句「主—動—賓」式呈現。「其」，語詞，有將然的語氣，修飾動詞。「又」，讀侑，求佑的泛祭；動詞。「鄉」，讀饗，圍食；祭祀動詞。「宧」，祭地名，或讀廳。

　　本版的「其」字作𝝣，是較早出的字形，但「王」字作「�」，上增橫筆，卻是較晚出字形。「午」字作「𠂤」，更是晚期字形無疑。本版的「祖乙」，是指仲丁之子的「中宗祖乙」，抑或是對武丁之父「小乙」的稱謂，目前仍無法確認。但由晚出字形看，卜辭應屬第三期廩辛、康丁以後所刻。

2471（H58：30）

（1）甲申貞：畬甲，不冓雨？
（2）其雨？

按：卜骨由下而上分段讀。「畬甲」，又作「虎甲」，即文獻的殷先王「陽甲」。先王名之前省略祭祀動詞。（1）（2）辭應是對貞關係。「冓」，字讀遘，遇也。（1）辭卜問〔祭祀〕先王陽甲的過程，不遇到降雨嗎？（2）辭命辭剩下的詢問句應是「其冓雨」一句之省，意即將遇到降雨嗎？前復省一陳述句。對貞的完整句（1）辭先刻，占卜者的主觀心理願望似傾向於「不冓雨」一詢問句。

本版的「其」字作𑇐，仍是早出字形，「不」字作𐆄，似已是晚出字形。

H65

2525（H65：2）

（1）辛□□：今日雨？
（2）辛巳卜：壬雨？（一）
（3）辛巳卜：癸雨？（一）
（4）丁亥卜：雨戊？（一）
（5）癸亥貞：又至囚？（一）
（6）□亥卜：又希，亡囚？□
（7）癸未卜：又囚百工？

按：卜骨由下向上分段讀。（1）辭前辭殘，應是「辛巳卜」。（1）（2）（3）三辭是同一天的占卜，或是選貞關係，命辭卜問今天「辛巳」日抑次日的「壬午」日抑「癸未」日將下雨？三辭亦可能是各自單獨問卜。目前看，以前者理解為宜。

（4）辭命辭是「戊雨？」一句的移位句，時間詞移後。

（5）（6）辭是接著卜雨卜辭過了 36 天之後的占卜。（5）辭命辭讀為「有至禍？」，可見「禍」的發生是由外來至殷邑安陽的。（6）辭與（5）辭或為對貞的關係，前辭殘缺的天干同是「癸」，命辭讀「有祟，亡禍？」，見同義的「祟」和「禍」字連用。「祟」，指神靈的降災。「禍」，是外來的災禍。二字之間具細微的區隔，但一般有混用的狀況。（6）辭站在對貞的角度看，詢問句的「亡囚」，

應即「亡至囙」之省。

（7）辭是又過了 20 天後的占問。命辭「百工」一詞僅見，一般理解和周金文中作為低級官吏名相同，如原釋文引〈令彝〉排列於卿事寮、諸尹、里君之後的「百工」、〈師𣪊簋〉和僕、馭、牧、臣妾並列的「百工」。但細審甲骨中「工」字的文例，有言「宗工」〈合集 19〉、「祝工」〈合集 27462〉、「尹工」〈合集 5625〉，又詢問「多工亡尤」〈合集 19433〉，和「在北工登人」〈合集 7294〉等例。另，殷人進行祭祀前，有先進行「工典」〈合集 22675〉之祭的一種儀式，其後接「酻」、「肜」、「翌」等專祭。「工典」一詞，可讀作「示冊」，是殷王祭拜祖先前的一種開禮的稱冊告祖活動。由此看來，「工」字在甲骨文中可用為地名、也可用作職官名。如理解為官名，其職司和宗廟禱告祭祀活動有關，但與周金文所泛指的「低階官員」並非同一類。卜辭的「百工」，是指眾祭祀的官員。「又（有）囙（禍）百工」一句，是殷王卜問外來禍害有災及我直屬的祭司官員否。

本版的「癸」字作 ✕✕，是早出字形，但「辛」字省上一短橫、「未」字作 ✕，卻又是較晚發生的字。

H72

2529（H72：6）

乙亥卜：今日至于中彔☐？吉。（一）

按：卜骨見卜兆朝內，卜辭刻在卜兆的直紋靠外側，而兆序（一）在卜兆坼紋之上，而兆語「吉」字則處於坼紋的下邊。這是標準的卜序、兆語和卜辭對應位置的寫法。

「中彔（麓）」，指中地的山麓所在；地名。「彔」，即「麓」的記音字，指的是山坡地，一般是殷人田狩的區域。學界近有理解「中彔」為時間詞，實誤。

卜辭作為時間的「A 至 B」例，A、B 語彙都是對稱的，常見的「今至于干支」、「今干支至于干支」、「今日至于干支」、「今夕至于干支」例是。如：「自今至于庚申其雨」〈合集 12324〉、「自今癸酉至于乙酉」〈合集 799〉、「自今日至于乙丑雨」〈合集 20919〉、「自今日至于甲申日其雨」〈合集 20924〉、「自今夕雨至于戊戌雨」〈合集 24769〉、「今日至戊辰雨」〈合集 33868〉。由此可見，作為時間詞而言，都是指由當天直至若干天之後的某一天言，而絕不會用作：由當天至同一天中某一段時間的用法。因此，近人黃天樹理解

「中条」一詞是中夜、夜半的一段時間用法,是不可能成立的。相對言,卜辭多作「至一地名」例,如:「至于灘」〈合集 199〉、「至于鬲」〈合集 201〉、「至蜀,亡因?」〈合集 21724〉、「至于商」〈合集 32183〉等。因此,本版「至于」的對象「中条」,自宜作為地名。句首一般都省略主語「王」、「我」等。本版卜辭命辭的理解,是卜問今日乙亥日殷王往「中麓」一地活動的吉否。句末的兆語是「吉」。

2531 (H72:7+8)

(1) 丁巳卜:翌日戊,王叀田省?

(2) 其獸?

(3) 叀獸田,亡戈?大吉。

(4) 〔叀〕斿□,亡戈?

按:卜骨由下而上分讀。(1)(2)辭卜問的語意有因承關係。(1)辭是問次日戊午日殷王的活動安否。「王叀田省」,即「王省田」的移位,「叀」字屬句首語詞,作為賓語前置的標誌用語,也提供分隔主語和提前賓語的功能。「省」,從目,字由專注引申有巡視意。(2)辭的「獸」,從捕獸器從獵犬,即狩字初文。卜辭「省田」例的「田」,並不是指農田,而是用為田獵活動意。因此,「省田」和具體打獵的「狩」字,前後語意相承。「其」,有將然的語氣用法。

接著的(3)(4)辭,似是選貞關係。「叀獸田」和「叀斿田」,都是作為倒裝的陳述句,即「田獸」、「田斿」句的變異用法,因要強調田獵的地名而將之移前,卜問田狩於此二地的「亡災」否。卜辭是先卜問次日殷王宜否進行狩獵一活動,然後再進一步細問在個別的田狩地,鬼神會否保佑殷王無災。

本版的「王」字作王、「翌」字增立聲作、「叀」字作,基本上都屬較晚出的字形。詢問句「亡戈」一詞,多見於第三、四期卜辭。本版應定為晚期卜辭。由此,亦可以反證前辭的「干支卜」用例,也是屬於晚期的習慣用語。

H75

2538 (H75:19)

(1) 其用茲☒祖丁褅羌〔白〕,其☒?

（2）弜用？

（3）其用甶才妣辛升至母戊？

按：卜骨下殘，對比（2）辭起筆位置，諸辭宜是由右而左、由下而上分段讀。對比文例，如「其用茲卜，受佑？」〈屯 1042〉、「其用茲卜？」〈合集 31678〉等，（1）辭命辭殘辭之前，可能也是「其用茲卜」成句，其後接言用羌人的人頭獻祭祖丁。「甶」，人首，《說文》作囟：「頭會腦蓋也」。「祔」，乃「冊」字的繁體，增从示旁，用為稱冊、記錄獻牲之禮；動詞。末句「其」字後拓片模糊不清，原釋文以為是「罖」字，恐非。（1）（2）辭似為正反對貞，卜問是否用此卜的內容。「弜」，从二弓，是「勿」字的異體；用為否定詞。

　　（3）辭進一步貞問用「羌甶」升祭於「妣辛」至「母戊」。「妣辛」，或即「祖丁」的配偶。對比世系，「武丁」的配偶有「妣辛」、「祖甲」的配偶有「妣戊」，本版似是第三期廩辛、康丁的卜辭。「才」，讀在。「升」，血祭祭儀，字又有增示增廾作「祎」。（3）辭的「甶」，是「羌甶」之省；補語的「在妣辛升至母戊」，應理解為「在妣辛至母戊升」的意思。

　　本版的「其」字作 ⿴，仍是早出字形，而人牲「羌」字作 ⿰，卻已是較晚的字。整版甲骨刻寫的時間自然是偏於晚期卜辭。

H83

2564（H83：11＋15）

（1）□□貞：□王尋，告土方于五示？才衣。十月卜。

（3）甲子貞：王从沚或？

（4）弜从？

按：卜骨由下而上分段讀。（1）辭的前辭，原釋文作「己丑貞」。「尋」，从唐蘭隸定，字象張兩手握圍杖形。字或即「尹」字異體，有尋察、主治的用法；動詞。卜辭多見「尋某方國」例，如〈合集 27804〉：「其尋方，有雨？」、〈合集 27807〉：「翌日乙王其尋盂？」、〈合集 28086〉：「王其尋二方伯于阜辟？」等是。「告」，从屮置於阱上，有告誡、稟告意，引申示警的用法。卜辭亦多見「告方于祖」例，如〈合集 6131〉：「壬午卜，亘貞：告舌方于上甲？」、〈合集 6387〉：「貞：告土方于唐？」、〈屯 243〉：「甲申卜：于大示告方來？」

是。「五示」，指殷先王中的「五宗」，〈2534〉版有卜祭「于五示」、「于七示」，可以互參。「才衣」，讀為「在殷」，是命辭之後補記用卜貞問的地名。卜辭習見「干支卜，在某地貞」的前辭句例，多屬晚期卜辭的用法。其中的「在某地」又見移於卜辭之後作補語書寫。

（4）辭拓片模糊，「弓」字不清，暫按原釋文釋讀。（3）（4）辭是正反對貞，應是在（1）辭之後發現土方，殷王主動聯同殷西附庸「沚或」出擊外邦的占問卜辭。「沚或」的「沚」，族名；「或」，有用為族名或人名，目前看以後者為是。「沚或」，和早期卜辭的「沚馘」一詞沒有必然的關係。

本版的「王」字作 𝕏、𝕏，是早出字形，而「从」曲筆作 𝕏、「方」增短橫作 𝕏、「貞」平頭作 𝕏，「于」斜筆作 𝕏，卻又都是較晚出的字形。本版刻寫時間，仍應定於偏晚期的卜辭。

H84

2567（H84：8）

（1）壬申〔貞〕：昇多宁以鬯于大乙？
（2）壬申貞：多宁以鬯昇于丁，卯叀☒？

按：卜骨由下而上讀，（2）辭上有界劃。「昇」，象雙手持豆形，字讀登，泛指持物向上呈獻之意；動詞。「宁」，讀貯，象架形貯物器，借用為職官名，主司香酒的祭祀。「多宁」，指宁官集團。對比（1）（2）辭，見（1）辭命辭是「多宁以鬯昇于大乙」的移位，動詞前移至句首。「多宁以鬯」作為「昇」的內容。「大乙」，指殷先王成湯。（2）辭的「丁」，字殘，或即武丁。花東甲骨見「丁」有用為「武丁」的生稱。〈英 2400〉的「甲戌貞：乙亥酓，多宁于大乙：鬯五，卯牛；祖乙：鬯五；□乙：鬯三☒？」、〈花 490〉（1）的「己卯：子見（獻）卣以璧、戉于丁？用。」等辭，可以互參。卜辭中的「丁」，又有讀為祊，用為置放神主的櫃。這裡的「丁」，仍以用為進獻的對象為是。姚孝遂釋（2）辭為「壬申貞多貯以鬯昇于上甲卯叀牛」，備參。

本版右下側骨扇邊有記事刻辭「壬申 𝕏 乞骨三」一句，是常態記錄徵用占卜甲骨的句型和常見位置，可互參〈1119〉版的「庚戌 𝕏 乞骨三」。《屯南》見多達 32 版相關詞例。殷人一次用三骨並列占卜，似已是一種慣例。

H85

2617（H85：86）

（1）癸酉卜：翌日王其又于上甲：三牛，王受又又？弘吉。

（2）五牛？吉。

（3）其牢？吉。

按：卜骨由下而上分段讀。（1）（2）（3）辭為選貞關係。（1）辭癸酉日卜問次日甲戌日侑祭上甲，時王能得保佑否。「又」，讀侑，用為求佑的泛祭。末句「王受又又」，讀「王受有佑」，屬詢問句。其中的「又又」，見用重文號表達。三辭合看，是貞卜將侑祭上甲時該用「三牛」抑「五牛」抑「牢（一頭圈養的牛）」？（2）辭的前辭和命辭全省，只剩下待選擇的祭牲和祭牲數。（3）辭在祭牲前增一強調語氣的虛字「其」。（1）辭的兆語「弘吉」，意即大吉。

本版的「牛」字作 ，是早出字形，而「王」字中豎作 ，「其」字增橫筆作 ，「翌」字增立聲作 ，「侑」祭改用 字，「癸」字穿筆作 ，又明顯是屬於晚出的字。前辭「干支卜」一般不見於早期卜辭，詢問句的「王受有佑」，更是習見的第四、五期卜辭句例。由此可見，若干習見字例如「牛」「其」等，字形延伸時間長，不能用作斷代分組的標準字形。本版應定為晚期卜辭。

2623（H85：93）

（1）壬子卜：其用茲冊，㈜☒希？

（2）弜用黑羊，亡雨？

（3）叀白羊用于之，又大雨？

（4）☒〔王〕賓☒，又㲃？

按：卜骨由下而上分段讀，但觀察（2）（3）二辭正反對貞的內容，又似先（3）辭而後（2）辭。（1）辭「用茲冊」，言應用此竹簡記錄獻祭的內容，例多見，如〈屯 4554〉的「叀茲冊用？」、〈合集 30674〉的「叀茲冊用，又正（禎）？」、「叀茲祕用，又正（禎）？」、〈合集 27023〉的「☒叀茲祕用：十人又五，王受又（佑）？」。原釋文 1031 頁將「冊」和右旁的「希（祟）」字合，視作從冊從矢的一字；備參。按卜辭另有「奉年」和「希」在同一辭例，如〈合集 28266〉的

「☒卜：其秦年于示，祐，又大雨？大吉。」；可參。

（3）（2）辭卜雨的「亡雨」和「又（有）大雨」自是正反對貞的關係，但由二辭的前句看，「叀」和「弜」、「白羊」和「黑羊」對應，又兼具選貞的用法。此組卜辭屬選貞、對貞的混用例。可見當日占卜方式的不穩定。（3）辭前句是「用白羊于之（此）」的移位。「之」，讀此，用為代詞，強調用牲地之所指。

（4）辭的「賓」，迎也，是迎接鬼神的祭祀動詞。「又」，讀有。

本版的「其」字作𝄷，是早出字形，但「叀」字作𝄵，又是晚出字例。「改」字從它倒書，和非王的花東卜辭書寫習慣一致。

2626（H85：125）

（1）（二）。
（2）（二）。
（3）□□貞：乙亥麐，𡈽七百麋，用㿽☒？
（4）戊午貞：酉，秦禾于岳，賣三豕，卯☒？

按：（1）（2）辭殘，只見兆序。（4）辭可能比（3）辭先卜，屬祭祀卜辭。（4）辭上左的卜兆外有匚形界劃，以示區隔。命辭的「酉」，應是酒祭動詞的「酻」字之省。「秦」，讀祓，持農作以祭。「祓禾」，即祈求種植的禾得以豐收。祈求的對象是自然神「岳」。在酒祭岳神的儀式中，連用賣（即燎，用火燒）和卯（即卿，對剖）兩種殺牲法獻牲。（3）辭的「麐」字，象麗在阱中，原作捉麗的獨創專用字，其後語意擴張，用為泛指設阱捕獸的「阱」字初文。「𡈽」，象畢形的捕獸器，即擒字。字增從手。「七百」，數字分書，和一般作合書的寫法相異。「七」字常態的短橫作斜筆書寫。「㿽」，即簋字，盛食器。此言將獵捕的麗鹿作為獻牲，盛簋中以祭，卜問吉凶。本辭是卜辭中獲麗數量最高的一次記錄。

本版的「午」字作𝄬，是晚期卜辭字形。「酉」字二豎筆改作V形，「于」字的豎筆斜出，「燎」字誤作米形，「豕」字腹作雙鉤書寫，「𡈽」字增手形，「七」字短橫作斜筆，又都是特殊的字例。

2629（H85：126）

（1）不〔受〕禾？（一）。
（2）不受禾？（一）。

（3）（一）。

（4）乙巳貞：今來戌受禾？

按：卜骨殘，由下往上成組分讀。（4）和（2）辭應是正反對貞的關係。

（4）辭的「戌」，應是「歲」字誤書。《屯南》卜辭多見「歲」字改書作「戌」例，如〈423〉（H2）：「辛酉卜，貞：今戌受禾？」、〈1063〉（H24）：「壬申貞：今戌受禾？」、〈2124〉（H47）：「甲午貞：今戌受禾？」、〈4498〉（T53）：「今戌☑不〔受〕□？」、〈506〉（H3）：「□□卜：今來戌☑？」、〈646〉（H17）：「□卯貞：今來戌受禾？」等是，或為同時同刻手所書的字。這裡的「今來戌」，是「今歲」、「來歲」的合言，作為句首時間詞。上引諸坑（H）所埋藏的甲骨，都有相同語彙和用字的習慣，可供坑與坑時限系聯的依據。

本版的「不」字作ᛊ，屬稍晚出的字形。（2）辭「受」字從手有缺筆。

H86

2651（H86：10＋18）

（1）戊辰〔卜〕：戌執圍戮方，不往？
（2）☑往？

按：卜骨由下而上分段讀。（1）（2）辭宜為正反對貞。「戌」，從人負戈，借為武官職官名。「執」，象人跪雙手繫以枷鎖之形，字有用為動詞，作驅執、搜捕意。如〈502〉的「弜執？」是。「執圍」可視為複合動詞。字另有用為名詞，作為罪犯、俘虜言。如〈2367〉的「戌多以執？」、〈2501〉的「來執，其用自大☑？」是。如此，「戌執」又可理解為「戌以執」之省，指戌官率領執人的意思。目前看，似以前者為是。「圍」，從二止從囗，字本象圍城意，引申包圍、圍攻的意思。字與「征」字從單止作ᛀ的字形不同。學界常有把二字混同，是不對的。

「戮方」，見於中晚期卜辭，原用為殷王田狩地，在「目」地之南。如〈合集29285〉：「王其田戮，至于目北，亡戈？」、〈合集 37661〉：「王子王卜貞：田戮，往來亡災？」是。字作為方國名，於此首見。詢問句「不往」省略的主語，或是「王」。

本版的「方」作ᛉ，是ᛝ形之省，「不」字作ᛊ，都是稍晚出的字形。

H92

2663（H92：9）

（1）貞：羽□亥雨？

（2）不其雨？

（3）□□卜，旬□：羽癸□雨？

按：卜骨由下而上讀。（1）（2）辭正反對貞，屬卜雨卜辭。「羽」，即翌，次日。「雨」，動詞。「其」，語詞，有將然、未來的語氣。「旬」，武丁時人名，這裡用為貞人。如〈合集 4090〉：「癸丑卜，賓貞：叀旬令目皋㸦？」、〈合集 4678〉：「辛酉卜，亙貞：生十月旬不其至？」、〈合集 9416〉：「丁亥乞自雀㐬十屯。旬示。」、〈合集 13523〉：「乙未旬乞自雀十屯。小叔。」、〈合集 9288〉：「旬入卅，在☒。」等例，見「旬」原是武丁時期的附庸人名，為殷王驅策，多次貢獻卜用甲骨於殷，亦曾主司殷王朝整理、簽署甲骨的工作。因此，本版甲骨是屬於武丁時所刻，應是鐵證。

本版的「不」字作人、「癸」字作癶、「貞」字作𦥑、「翌」字作彡、「其」字作☒，都一致呈現較早出字形的特徵。「亥」字上橫畫一刀，左起筆重而右收筆輕，見刻工是右手執尖刀刻寫。

H93

2666（H93：1）

（1）庚寅卜：其燊年于上甲：三牛？

（2）五牛？

（3）十牛？吉。

（4）燊年上甲、示壬，叀兹祝用？

（5）弜隹兹用？吉。

（6）叀食日酚，王受又？大吉。

（7）燊年，叀莫酚，〔王〕〔受〕又？

按：卜骨由下而上分段讀。（1）（2）（3）三辭為選貞關係，卜問祭祀「上甲」

的牛牲數，是「三牛」抑「五牛」抑「十牛」。「三」、「五」、「十」之數，似是當日常態的選擇數字。由（3）辭附的兆語「吉」，可見是次選貞的結果是決定用十牛。

（1）辭命辭是省略祭祀動詞。「秦」讀祓，「秦年」是持農作以祭，祈求豐收的意思。（2）（3）辭復省前辭和命辭的動詞。

（4）（5）辭為正反對貞，（4）辭前句「秦年」之後省介詞「于」，祭祀對象是先公前期一首一尾的「上甲」和「示壬」（文獻作「報甲」和「主壬」）。詢問句「叀茲祝用」，是常態的「用茲祝」句的移位。（5）辭否定句只剩下一後句詢問句，「弜隹（唯）茲用」，也是「弜用茲祝」句的移位兼省略。「茲」，此也。

（6）（7）辭是選貞，卜問酒祭的時間，是「食日」抑或是「莫」。「食日」，又作「大食」，指早飯的一段時間，約早上八至九時。「莫」，即「暮」字初文，指太陽將落未落的一段時間，約傍晚六時左右。對比二辭，（6）辭前省一陳述分句「秦年」。由（6）辭兆語「大吉」，見鬼神認同酒祭時間是在「食日」一段。

整版七辭，都是在「庚寅」日所卜，而前五辭的句前似應是省略一動詞「酌」。

本版的「其」字作 ，仍是早出字形，但「王」字作 ，「牛」字作 ，「叀」字作 ，「庚」字作 ，「酌」字從酉的二豎筆改作Ｖ形，都是晚出的寫法。本版的刻寫時間，自然是偏晚期卜辭的。相對言，前辭的「干支卜」，詢問句的「王受又（佑）」用例，應該也是晚期卜辭的習慣用法。

H95

2671（H95：50＋59）

（1）癸亥卜，貞：酌，午石甲至般庚，正？

按：「酌」，酒祭；動詞。「午」，是「𥄬（禦）」字之省，用為求吉去凶的泛祭；動詞。「石甲」，先祖名。原釋文：「午組卜辭獨有的稱謂，不見于其他卜辭。」「般庚」，合文，即般先王「盤庚」。其中的「般」字從双手形，與一般作 〈合集 23103〉、作 〈合集 21538〉不同。如此看來，本版應屬武丁時期的非王卜辭一類，故對非直系父輩的「盤庚」直呼其名，而不用王卜辭「父庚」的稱

謂。末句一「正」字，讀禎，祥也，分讀作為詢問句，卜問上述祭祖活動的禎祥否。

　　本版的「午」字作 ⟨圖⟩，字形又見〈2673〉，「正」字作 ⟨圖⟩，「亥」字作 ⟨圖⟩，寫法獨特。

2673（H95：49＋60）

　　（1）☑母庚至小子午？
　　（2）午母庚：窐？

按：「午」，即卲（禦）字之省略，祀也，卜辭用為泛祭名；動詞。（1）辭是「午（卲）母庚至小子」的移位句。對應〈2671〉版，宜為同時期的卜辭。「母庚」，自是非王卜辭中的母稱，但也可能是「小乙」的配偶。「窐」，指圈養的羊，上從冂直筆，和王卜辭的寫法不同。

　　本版的「午」字作 ⟨圖⟩，「母」字作 ⟨圖⟩，又作 ⟨圖⟩，寫法獨特。而「庚」字作 ⟨圖⟩，字形稍扁，仍是早出的字例，或是非王一類的字形。

H103

2699（H103：1＋50）

　　（1）甲戌卜：王其又河，叀牛，王受又？吉。
　　（2）叀牢用，王受又？弘吉。

按：卜骨由下而上分段讀。前辭作「干支卜」。（1）辭命辭前句的「又」，讀侑，求佑之祭；動詞。詢問句「王受又」的「又」，讀佑；名詞。

　　（1）（2）辭為選貞關係。卜問求佑於河神，是用「牛」抑「牢」作祭牲，殷王得以受到保佑。（2）辭省前辭和命辭的前句陳述句。二辭都為吉兆，其中的（2）辭為「弘吉」，學界有釋作「引吉」。「弘」，大也，「弘吉」，即大吉。對比二辭，（1）辭侑祭祭牲的「叀牛」，亦意即「叀牛用」，是「用牛」的倒裝句，和（2）辭的「用牢」相對。由此可見，一般卜辭獨立作的「叀某牲」句，用意似都是作為「叀某牲用」的省略動詞例。

　　本版的「王」字作 ⟨圖⟩，「叀」字作 ⟨圖⟩、「牛」字作 ⟨圖⟩，都是較晚出字形，而

「其」字作 ⊻，卻仍維持早出的字。「河」字作 ⼘，寫法和早期卜辭的 ⼘ 形已然不同。本版可定為晚期的卜辭。

2707（H103：18＋20）

(1) ☑自上甲血，用白豻九，☑？才大甲宗卜。

(2) □〔卯〕貞：其大卟，王自上甲血，用白豻九，下示：幾牛？才祖乙宗卜。

(3) 丙辰貞：其酚，大卟，自上甲，其告于父丁？（二）

(4) □〔辰〕貞：☑其大卟，王自上甲血，用白豻九，下示：幾牛？才大乙宗卜。

(5) ☑大卟，自上甲，其告于祖乙？才父丁宗卜。

(6) ☑〔酚〕，大卟，自上甲，其告于大乙？才父丁宗卜。

按：本版卜辭之間見多條界畫。（2）辭前辭應是「乙卯貞」。卜辭分別在殷先王直系的「大乙」（成湯）、「大甲」、「祖乙」和「父丁」的宗廟貞卜。諸辭都是敘述殷王進行酚祭時廣泛的祭祀先王，以血祭的方式自上甲開始，分別用公豬的血祭祀大宗，用牛的血祭祀「下示」。

「卟」，即禦，祀也，用為祭祀的泛稱。「大卟」，即盛大的祭祀。「其大卟王自上甲血」一句，其中的「王」如理解為先王，句子可連讀；如理解為時王，則需分讀：其一是「其大卟王，自上甲血」，前後句均為移位句，意即「王其大卟，血自上甲」，其二是「其大卟，王自上甲血」，後句的「王」屬主語，「血」字為祭祀動詞，意即時王用牲血祭，句型是「其大卟，王血自上甲」的移位。目前看，以最後一種讀法為宜。

「豻」，牡豕，象豬具生殖器之形。「下示」，卜辭有「大示」、「下示」、「小示」的不同用法。「大示」是「大宗」，「小示」是「小宗」，前者是直系的先王，前後有承繼王位者，後者是王的庶出血親，前後並沒有承繼王位者。至於「下示」，應該也是「大宗」。至於「大示」和「下示」的區別，本版言「王自上甲血，用白豻九」，指的先王就是「大示（宗）」，由「上甲」開始言。相對的「下示」，可能是指盤庚遷殷之後，「小乙」以降繼位的先王，這和遷殷之前諸先王的尊稱「上示」加以區分。卜辭又習見「下上」、「上下」合文，應是「大示」、「下示」的合稱，指的是遷殷前和後眾先王神祇整體而言。如〈合集6098〉：「己卯卜，㪤貞：舌方出，王自征，下上若，受我佑？」句是。「才

（在）某祖宗」，殷先王各自有置放神主的獨立宗廟。這裡的「父丁」，指的可能是武丁。原釋文定為康丁，備參。

本版的「王」字作 ⚊，「其」字作 ⛩，都是早出字形，而「牛」字作 ⚌，「郊」字作 ⚌，「告」字作 ⚌，又可視同較晚字形。前辭作「干支貞」，時間可能習見於「干支卜」之前。同版的「告」字見異體。

文字字形流變的早晚，只是針對個別文字本身自然發展流程的前後對照言，更何況，每一字所謂早晚出的起迄點是各不相同的。因此，文字的早晚不能衡等於甲骨斷代分期時間的早晚。本版如界定為第二期祖庚、祖甲時期的卜辭，版中字形混有第一期和第三期後的字例，可視同文字書寫的過渡階段。如此，或能解釋為何《屯南》甲骨有許多混雜有早、晚期字例的發生背景。

2711（H103：28＋52）

（1）辛丑卜：翌日壬，王其迪于 ⚌，亡戈？弘吉。

（2）于桵，亡戈？吉。

（3）于 ⚌，亡戈？弘吉。

（4）于宮，亡戈？吉。

（5）攸？吉。

（6）不攸？

按：卜骨由下而上分段讀。（1）辭命辭的「翌」，次日也，字增从立聲。「翌日」，指次日的壬寅日。「翌日」和「壬」二詞均屬句首時間詞，並列的順序是先用泛指次日的「翌」，後接專指的天干「壬」。「迪」，有隸作迓，作巡查意；有用為軍事行動的動詞。（1）至（4）辭卜問殷王巡視各不同地域的「亡災」否，四辭的地望定點應相距不遠，可供殷地理的系聯。兆語的「弘」，大也。

（5）（6）辭正反對貞，是承前四辭而問。「攸」，讀啟，有放晴意。《說文》日部：「啟，雨而晝𡛦也。」相當於雨後見日的意思。

本版「于某地，亡戈？」例，一般都見用於較晚的卜辭。「王」字作 ⚌、「翌」字作 ⚌、「不」字又作 ⚌，都是晚期卜辭字形，而「其」字作 ⛩，仍維持較早出已有的字形。

2722（H103：47）

　　（1）辛巳卜：翌日壬，王其焚夒彔？
　　（2）☑焚☑？

按：卜骨由下而上讀。（1）辭命辭的干支是「壬午」之省。「彔」，即鏊、麓字，指山麓地。殷人已有焚林逐獸的狩捕行動。「焚」，字从林从雙手持束形杖，或為火把形，用為田獵動詞。「夒」，或為畫字初文，借為地名，地近水，〈2739〉字有增从水旁。（1）（2）辭或為對貞。

　　本版字形可怪。「卜」字作「ㄅ」，坼斥紋下垂，「翌」字作「𦫖」，從立聲和從羽都省了橫畫，「王」字作「𐀢」，而橫筆的起筆作勾狀。以上的「翌」、「王」字形偏晚，而「其」字作「𘎑」，卻仍維持早出的字形。

M9

2861（M9：31＋56）

　　（1）甲☑？
　　（2）乙未貞：隹☑又☑？（一）
　　（3）☑奠鬲，來丁巳，其十牛于父丁？
　　（4）其☑？

按：卜骨由下而上分段讀，（2）（3）（4）辭之間有人為的界畫。（1）辭前辭干支似是「甲申」。（2）辭命辭句首的「隹」，讀唯；語詞。（3）辭的「奠」字，从雙手獻酉形，祭祀動詞。卜辭有「奠伐」〈合集 999〉、「奠方」〈屯 3001〉、「奠有玉」〈合集 4059〉、「奠鬲又羌」〈合集 32125〉等例。〈合集 32694〉的「甲寅貞：來丁巳奠鬲于父丁，俎三十牛？」一辭，和這裡的（3）辭可以互參。（3）辭「其十牛」句省略的動詞，可能就是「俎」，切肉以祭。「鬲」，一般甲文用為盛食器，但周金文中有用為人牲，目前仍疑未能定，或以前一釋讀為是。

　　本版的「未」字作「𣏻」，是較晚的字形，而「牛」字作「𤘈」，卻是稍早字形。特別的是，「其」字在（3）辭作「𘎑」，（4）辭作「𘎑」，同版早晚出字形並見，無疑是一字形過渡時期的例子。

M13

2953（M13：55＋166）

（1）甲午貞：〔王〕☑于大乙：五☑？
（2）〔癸〕卯貞：酚彳歲于大甲辰：五牢？茲用。

按：（1）辭「大乙」，即先公成湯。命辭句首殘字的「王」，是較晚期的寫法，原釋文缺，姚孝遂釋作「歲」，都僅供參考。

（2）辭「酚彳歲」三祭祀動詞並列，其中的「酚」，酒祭，殷人嗜酒，此屬一大祭，而「彳歲」，是作為酚祭中的兩個用牲儀式，相對言是小祭。「彳」，是用勺灑奠血水的儀式；「歲」，是用斧戉砍殺的儀式，下接祭牲「五牢」。「大甲辰」，是「大甲，甲辰」的合讀，其中的「甲」字共用。「甲辰」，時間詞，常態句是在命辭的句首，這裡則是移後至句中。「茲用」，屬兆語，直接緊附在卜辭之後書寫。

本版的「午」字作彳，「貞」字作平頂的閂，「酚」字從酉作直筆的矼，都是較晚出字形。因此，「酚彳歲」並列的用法，也應該代表較晚期卜辭才出現的句例。

3011（M13：118）

辛，王叀彳田，亡戋？畢？

按：卜骨殘，「辛」字作為天干，其後有一斜出裂紋，未審是否「卜」字的連筆書寫，理解為前辭；備參。「彳」，從火燒羌形，字為「羌」字演變至晚期卜辭，改用為地名的異體。「亡戋」，即「無災」至晚期的寫法。「畢」，即「擒」字初文。這裡用為「一辭二卜」的特例，卜問此行時王「亡災」否和有擒捕動物否。命辭前句「王叀彳田」是一陳述句，乃「王田彳」的移位，因強調句中的田狩地而前移。

本版的「王」字作王，「叀」字作彳，「羌」字作彳，都是較晚出的字例。因此，「一辭二卜」的現象，也可以比照的介定屬於晚期卜辭的用法。

3025（M13：133）

　　☒王其田，叀羌，弗每？

按：「其」，語詞，強調其後動詞將要發生的行為。「田」，作田狩意。「羌」，字作「⚟」，上具冠飾，為羌族的特徵，項繫刑具，下增從土，字用為地名，屬晚期卜辭字形，但似比「⚟」形又稍早。常態句應逕作「王其田羌」，由於要突出是次田狩的地名而刻意獨立的以短語方式呈現。「叀」，句首語詞，作為分書短語的標誌。「每」，或讀敏，有順利、流暢意。「弗每」，用反詰的方式作為詢問句，卜問時王田狩於殷西羌地一活動，不會順利嗎？

　　本版的「王」字作⚟，「叀」字作⚟，「羌」字作⚟，都是較晚出的字例，而「其」字作⚟，卻仍維持早出的字形。

3027（M13：135）

　　（1）叙〔祓〕。
　　（2）王叀翌日辛省田，亡戈？
　　（3）壬迺亡戈？

按：（1）辭的「叙祓」是一兆語，似是正面用語，或有「延福」意。前人有隸作「馭釐」。

　　（2）（3）辭的辛日和壬日屬先後的因承關係，二辭或為選貞，或為單獨貞卜，分別詢問連續二日王「省田」的亡災否。「省」，巡視。「田」，指田狩或農耕地，辭簡仍未能定，一般是用為田狩意。「省田」，意即「往田」。卜辭有「往省」連用例。如〈合集 5117〉：「王往省从水？」。卜辭又見「省某地田」例，如：〈合集 9611〉：「丙辰卜，永貞：呼省我田？」、〈合集 28317〉：「弜省盂田，其每？」、〈合集 28628〉：「翌日辛王其省田，藝入，不雨？」、〈屯 1013〉：「庚申卜：王其省弋田于辛屯日，亡戈？」等是。「迺」，副詞，意與「乃」同。卜辭見「先 V，迺 V」句例，如〈合集 28333〉：「王先狩，迺饗，擒有鹿，亡戈？」是。本版（3）辭似是「于王迺省田，亡戈？」之省。

　　本版的「王」字作⚟，「叀」字作⚟，「翌」字作⚟，都是晚出的字形。本版應是較晚期的卜辭。

3033（M13：142）

　　（1）壬戌□：來丁卯酚品？（三）
　　（2）癸亥卜：又于伊尹祊，叀今日又？（三）

按：卜骨由下而上分段讀。（1）辭前辭殘，可補一「卜」字。「來丁卯」，指下一句的時間丁卯日。「酚」，酒祭，作為一大祭名。「品」，泛指眾祭品。〈合集32384〉：「乙未酚，系品：報甲十、報乙三、報丙三、報丁三……？」，「系品」，「系」有提持意，即提供物品以祭。

　　（2）辭命辭前句的動詞「又」，讀侑，求佑的泛祭。祭祀對象是文獻記錄成湯的賢臣「伊尹」。「祊」，字作丁形，讀為鬃、為報（〈殷本紀〉），象方形木櫃，用作置放神主。「伊尹」的地位，一如周公旦攝政之於成王。後句為詢問句，卜問是今天進行侑祭嗎？前後句使用的動詞全同，可見殷人應用文句的古奧，簡樸不避複。

　　（1）（2）辭有兆序（三），表示此二辭貞問的次數至少有三次。（1）（2）辭辭意相承，當日貞卜內容恐有關連。（2）辭或亦是進行酚祭中的一個活動。

　　本版的「癸」字作✕，是早出字形，但「叀」字作✕，卻又是一較晚出字形。「伊尹」一詞，亦習見於第三、四期卜辭。

3058（M13：172＋245）

　　（1）叀羊？
　　（2）其召妣己，又冊？
　　（3）〔弜〕又？
　　（4）冊妣己，叀奴？

按：卜骨由下向上分段讀。（1）辭卜問用羊祭祀嗎？該辭下邊殘，應有另一辭和（1）辭作選貞的方式成組卜問。

　　（2）（3）辭為正反對貞。「召」，讀協，字又作劦，合力之祭；動詞。「又冊」，讀「有冊」，作為詢問句，言在劦祭妣己時，會備有獻冊一儀式嗎？「冊」，作為記錄祭祀時獻品的竹簡，會和獻品一併燒獻給鬼神。（3）辭為對貞的否定句，讀為「弜有」，即「弜有冊」之省。

　　（4）辭進一步追問祭拜妣己所附獻的稱冊記錄，會有用奴牲嗎？「奴」，以

手壓抑人跪之形，示卑下的奴隸，从人从女通；一般學界隸作𡚻。

　　本版的「羊」字，在字中有增一短筆，多見於非王、花東卜辭。「其」字作
𒀸，應是早出的字形，但「叀」字作𒀸，卻又是稍晚的字。

3124（M13：247＋290＋489）

　　（1）其☒小☒？
　　（2）叀大牢，䅵宮？
　　（3）叀子至？

按：卜骨殘，由下而上讀。（2）辭的「䅵」字，從二禾置於田上，有種植意；動
詞。〈合集 9619〉：「貞：今其雨，不唯䅵？」，〈合集 9617〉有「䅵穧」一
詞；可參。「宮」，地名。〈合集 37367〉：「辛卯卜，貞：王田宮，往來亡
災？」，〈屯 2192〉：「叀宮田省，不菁雨？」是。本版（2）辭的理解，是詢問
句（後句）前置例。「䅵宮」，是指殷王田（植禾）於宮地，本屬陳述句。「叀大
牢」，屬詢問句，是卜問王進行耕作時用「大牢」祭祀宜否。

　　（3）辭的「子」字作𒀸，形見非王卜辭中的花東卜辭，字上或為「𐎉」、
「𐎉」二形子首部分的複合；下接几形，又與《說文》籀文的字形相類。對比
（2）辭「牢」字作𒀸，外从山谷形的筆畫和非王卜辭字形相同，本版似乎也應屬
非王一類的版面。

　　本版的「其」字作𒀸，是早出字例，「叀」字作𒀸，卻又是較晚出的字。

3157（M13：292＋577＋592＋350）

　　己巳卜：其奉年高，王受☐？吉。

按：卜骨中的「高」，應是祭祀對象「高祖」（泛指）或「高祖某」（專稱）之
省。命辭的前句是陳述句，「奉」，讀祓，持農作祈求豐收之祭。卜辭多見「奉
年」、「奉禾」、「奉田」的祭祀。「其」，將然之詞，有強調、帶出動詞的功
能。後句詢問句是「王受又（佑）」或「王受又（有）又（佑）」之殘。另見卜兆
橫紋下方有兆語「吉」。

　　本版的「巳」作𒀸，尖首，寫法獨特。（對比〈3722〉（T2：106）版，亦見
「巳」字有尖首的字形，同版的「庚」字作𒀸、「午」字作𒀸，「叀」字作𒀸，

「酓」字作🖋️，都一致是晚出字例。）「其」字作🖋️，仍屬早出字形，但「王」字作🖋️，卻又是較晚的字例。對比前辭作「干支卜」例，本版宜定為晚期卜辭。

M16

3562（M16：31＋47）

　　甲午貞：🖋️〔來〕☒，其用自上甲十示又☒，羌十又八，乙未☒？

按：「🖋️」字作🖋️，用為殷將領名。　一般學界將此字和「🖋️」（🖋️）字混同，可能不是事實。「🖋️」字作為第一、二期中的將領名。如〈合集 26〉：「丁未卜，爭貞：勿令🖋️以眾伐舌？」、〈合集 6294〉：「丁未卜，敵貞：勿令🖋️伐舌，弗其☒？」、〈合集 7084〉：「貞：令🖋️伐東土，告于祖乙、于丁？八月。」、〈合集 14370〉：「丙辰卜，賓貞：叀🖋️令燎于夒？」、〈合集 14469〉：「丙寅卜，凸貞：呼🖋️☒？」、〈合集 24145〉：「丁酉卜，出貞：🖋️韋舌方？」等例，由上引第一期的貞人「爭」、「敵」、「賓」、「凸」和第二期的貞人「出」句例，可見「🖋️」字主要出現於第一期卜辭，而有延及第二期用例，一直作為殷西將領名的用法，偶有受令主辦祭祀殷王先祖的活動。而「🖋️」其人則不見於以上第一、二期貞人的卜辭，亦不見用於征伐長期在武丁時侵擾殷西邊境的外族「舌方」卜辭。因此，評估「🖋️」和「🖋️」二字形近，但似非屬同一人。「🖋️」用為殷稍晚的將領名，前辭只見「干支貞」、「干支卜，貞」句，如〈合集 33068〉：「丁巳卜，貞：王令🖋️伐于東邦？」、〈合集 33220〉：「□卯貞：王令🖋️田于京？」、〈屯 2260〉：「丁卯卜，貞：王令🖋️登眾于北？」、〈屯 9〉：「丁未貞：🖋️以牛，其用自上甲，幾大示？」、〈合集 9226〉反：「🖋️入五。」，可見「🖋️」其人的活動範圍更廣，除征伐外，還見用於農耕、登人、獻牲和納貢等甲骨。

　　「示」，即宗，象神主形。「上甲」，即《史記》〈殷本紀〉的報甲。「十示又」之後殘，原釋文 1091 頁據下文用羌人為祭牲數的「十八」，認為「十示又」之後應補一「八」字，被祭的先王每人各得一羌：「這正好就是父丁（康丁）以外，自上甲至祖甲的全部大示」，而論定本版是武乙之物。這說法是否屬實，仍待進一步的驗證。

　　本版的「午」字作🖋️，「羌」字作🖋️，都是較晚出的字形，可供本版卜骨是較晚期卜辭的佐證。而「其」字作🖋️，「自」字作🖋️，仍保留稍早的字形。

3564（M16：34）

　　（1）羽日于祖乙，其祒于武乙宗，王受又又？弘吉。
　　（2）于☒？

按：卜骨由下而上讀。（1）辭的「羽日」，用為祭名，「羽」讀「翌」，這裡屬固定的周祭之一。「祒」，即叴、召字的晚出異體，讀協，合力之祭。詢問句「王受又又」，讀為「王受有佑」；「有」，用為詞頭，修飾其後的「佑」。原釋文謂「此辭直言武乙，當屬帝乙、帝辛時代」的卜辭。「宗」，指宗廟。此知殷先王各自有獨立祭祀的宗廟。

　　本版的「其」字增橫畫作☒，「召」字增示作祒，「王」字上增橫筆作王，加上「王受又又」的句例，和「翌」祭、「叴」祭、「武乙宗」的用法，都可一致的判定屬於第五期卜辭用例。

3567（M16：41）

　　（1）丙寅貞：其桒禾于岳，袞三宰，卯三□？（一）
　　（2）丁卯貞：☒叀☒于河，袞，雨？
　　（3）弜桒，雨？

按：本版屬求禾卜辭，先讀骨臼上方的（1）辭，再由下而上讀（2）（3）一組正反對貞。（1）辭和（2）（3）辭前後日分別祭祀岳神和河神，祈求種植「禾」的豐收。「桒」，讀被，象農作物形，字有增從双，示持植物以祭；動詞。「袞」，即燎字，用火燒柴以祭。「卯」，讀卿，剖牲之祭。「燎」和「卯」用為殺牲之法。「宰」，圈養的羊。

　　（2）（3）辭屬正反對貞，「弜」，用為否定詞，和「勿」字同源。「雨」，獨立作為詢問句，見命辭前二句的祭祀，目的是卜求降雨否。

　　（2）辭前辭下殘，殘缺的可能是在命辭前的時間詞，如「翌干支」。語詞「叀」字之下殘字，仍保留箭頭狀和口形，應是「癸（癸）」字，殷人名。「癸」其人經常負責管理來貢的卜骨，又曾擔任祭祀和禱告鬼神的工作。如〈合集35166〉：「己巳癸乞旬骨三。」、〈合集 35214〉：「☒癸乞骨七自宰。」、〈合集63〉：「貞：翌辛卯癸桒雨霋，昇雨？」、〈合集14379〉：「丁未卜，峀貞：癸桒（癸）自霋？」、〈合集 32671〉：「丙申貞：侑亡于父丁，叀癸

祝？」等例是。由上引辭例的第一期貞人「㞷」和祭祀的「父丁」，可推知「矢」的活動時間，應是由武丁過渡至祖庚、祖甲一段。

　　本版的「其」字作Ⅺ，屬較早的字形，而「叀」字作Ꝗ，「岳」字作Ꝟ，是稍後字例。本版宜為第二期以後的卜辭。另，「宰」字從羊，中見從一短橫，「燎」字訛作米，都應是特殊的字例。

M20

3613（M20：1）

　　（1）其雨？
　　（2）不遘大風？（一）
　　（3）其遘大風？（二）

按：卜骨由下而上分段讀。（1）辭「雨」，動詞，卜問將要下雨嗎？

　　（2）（3）辭反正對貞。「遘」，遇也。「風」，象鳳形，字增從凡聲，借為風。「大」，形容詞，修飾名詞的「風」。（2）（3）辭左旁的兆序（一）（二），因屬殘骨，未審必為（2）（3）辭所屬否。如是，（2）（3）辭則既屬對貞關係，又是順序卜問的成套關係。

　　本版的「其」字作Ⅺ，是早出的字形，和後來晚出的Ⅺ形不同；而雨字作Ꝙ，與早出的Ꝟ形又有異，「不」字作Ꝧ，與早期卜辭的Ꝧ形異，「遘」字作Ꝟ，更是習見的晚期字形，與早出的Ꝟ形有異，「風」字增凡聲，又與早出不從凡聲者有異。本版宜界定為晚期的卜辭。由此可見，每一字形演變的長度各不相同。「其」字作Ⅺ形的書寫，延伸的時間很長，由甲骨斷代的早期一直延至中期偏晚亦有出現這種字形。由此看，字形演變的早晚出，諸字各不相同，有甲字早期字形會和乙字的晚期字形在同一時間相混用，見於同版。對於所謂「字形斷代」，不能把所有字的演變一刀切的平齊看待。

T2

3673（T2③：48）

　　（1）癸丑貞：多宁其征又ⵗ歲于父丁：牢又一牛？

（2）其三牛？

（3）癸丑貞：王又歲于祖乙？

（4）于父丁又歲？

（5）☒〔貞〕：☒〔祖〕☒至☒？

按：卜骨由下而上讀。（1）（2）辭是選貞關係。（1）辭命辭的「宁」，官名，一般職司祭祀。〈2438〉版見「宁壴」，即指宁官名壴。「多宁」，是泛指眾宁官。「延」，讀延，有出、持續意；副詞。「又彡歲」，習見連用的三祭名，「又」，即侑，求佑的泛祭。「彡」，灑奠血水的祭儀。「歲」，以斧戉殺伐之祭儀。「彡歲」，是在侑祭中並列的儀式，灑奠和殺伐的內容是「牢又一牛」。「牢」，從牛在山谷，是指特殊圈養的牛。「牢又一牛」和（2）辭的「其三牛」，是卜問是次用牲選擇的關係。（2）辭增加一強調語氣的語詞「其」。

　　（3）（4）辭似乎是另一組選貞，同在癸丑日貞卜。「又歲」，讀「有歲」，「有」字作為詞頭，修飾「歲」字；或讀「侑歲」，指進行侑祭，用「歲」（殺牲）的儀式。目前看，以後一說解為宜。（4）辭見介賓語移前，是「又歲于父丁」句的變形。「父丁」，原釋文認為是康丁，但亦有可能是指武丁；備參。

　　（5）辭辭殘，中間一殘字應是「祖」。〈合集 22899〉的「乙酉卜，行貞：王賓，歲自祖乙至于父丁，亡尤？」，（5）辭亦可能是「某祖至某祖」的句例。

　　本版的「其」字作 ⊌，「癸」字作 ⚡，「貞」字作 ⊭，都是早出字形，而「牛」字有 ￥、￥ 二體，應是一字形過渡的寫法。本版刻寫時間或應偏早，可能是在第二期祖庚、祖甲一段。

3723（T2③：107）

　　□〔亥〕貞：〔王〕☒以子〔方〕奠于井？才父丁宗〔彝〕。

按：原釋文指出此辭和〈4366〉（1）辭的「辛亥貞：王令 ￥ 以子方奠于井？在父丁宗彝。」同文，二版應為同時同事所刻。

　　「以」，本象人提物形，字由「 ￠ 」省人而為「 ￫ 」，字有攜帶、率領的用法。「子方」，用為附庸族名。「奠」，從酉從一，用為祭奠意；動詞。卜辭有「祀奠」連文，見〈英 2525〉。「井」，殷田狩地名。〈合集 33570〉：「己亥卜，貞：王其田井，亡弋？」；可參。句末補語「才（在）父丁宗彝」一句，「彝」，常態作 ￥，象雙手上獻反縛的犧牲形，這裡殘略雙手；字用為祭祀動詞。

如〈合集 32360〉：「甲戌卜：乙亥王其彝于祖乙宗？」，用法和本辭相當。

本版的「王」字作 ，是早出字形，但「方」字作 ，上增短橫，又是屬於較晚發生的字。「父丁」，原釋文認為是康丁，但也可能是指武丁言。

3744（T2③：129）

（1）□寅□：今夕亡至囚？
（2）丁卯□：今夕亡至囚？
（3）戊辰卜：今夕亡至囚？
（4）己巳卜：今夕亡至囚？

按：卜骨由下而上分段讀。（1）辭前辭為「丙寅卜」之殘。（2）辭前辭為「丁卯卜」。四天連續卜問當天傍晚不會有外來的禍害？

「囚」，象卜骨形，為「禍」字初文。〈2446〉版有卜問「有來囚」句，可以互參。殷人習慣每旬末的癸日卜問下一旬無恙的「旬亡囚」，「囚」，即是指由外而至的災難：「至囚」、「來囚」用詞之省略。這裡是在白天詢問傍晚無禍否。

本版的「囚」字作 、 ，只書寫一牛肩胛骨形，由文例知應是常態的 形之訛。「巳」字形拉長作 ，亦是一特殊書寫。

3759（T2③：148）

（1）丁巳□？
（2）弜田，其每？
（3）王其田後，湄日亡戈？
（4）其狀田，湄日亡戈？
（5）王叀田省，亡戈？

按：卜骨由下而上分段讀。（1）（2）辭似屬正反對貞，卜問殷王田狩否。「田」，指田獵，動詞。「每」，讀敏，有順利意。（3）辭「湄日」，讀「彌日」。「彌」，有長久意。「彌日」，指終日、整日的意思。

（3）（4）辭各自獨立卜問。（4）辭的「狀」，用為地名，地靠東洮〈懷1648〉，對比〈合集 28577〉：「庚午卜，貞：王其田狀，□？」，〈英 2302〉：「王其田狀」等句例，（4）辭的「其狀田」，應是「其田狀」的倒裝句。

（5）辭的「王叀田省」，亦應是「王省田」的移位。「省」，有巡視意。
「田」，指田狩地，名詞。「亡戈」，讀為「無災」，用為詢問句。

本版的「其」字作🙼，是較早出的字形，而「叀」字作🙼，又是稍晚出的
字。「王」字作王，更是第五期卜辭習用的字形。本版應定為晚期卜辭。「巳」
字作🙼，象子形而尖頂，字形和〈3157〉版寫法相同，可以互參。

T21

3853（T21（2B）：15＋16）

（1）己巳卜：王其🙼羌，〔卯〕▨？
（2）牢又一牛，王受又？

按：卜骨由下而上讀。（1）辭的「🙼」，有隸作升，象勺具柄形的側形，作傾斜
狀，勺中虛點示血或酒水。字用為灑奠血水之祭儀；動詞。這裡言殷王將用羌人的
血來灑奠祭祖。原釋文補一「卯」字，僅供參考。（2）辭省前辭，命辭的前句又
省祭祀動詞。（1）（2）辭或為選貞關係，卜問殺牲數為何，殷王才得祖先的保
佑。

本版的「巳」字作尖頭形，和〈3759〉版形同。「王」字作王，「羌」字作
🙼，「牛」字作🙼，都是晚出的字形，而「其」字作🙼，仍保留早出的字。詢問
句「王受又（佑）」，習見於晚期卜辭。「卜」字作🙼，裂紋朝下，是一獨特寫
法。

T23

4023（T23（2A）：13）

（1）王其又妣戊：姘，畿羊，王受又？
（2）畿小宰，王受又？
（3）叀妣戊：姘，小宰，王受又？

按：卜骨由下而上分段讀。（1）（2）辭為選貞關係，謂殷王侑祭妣戊，除用井族
女牲外，還附塗血之祭，卜問塗血用牲是羊抑小宰，殷王才得受神祇的保佑。

（1）辭省前辭，命辭的前句「又」，讀侑，泛指求佑之祭；動詞。「妌」，外邦
井族之女，用為俘虜或人牲。以女牲獻祭於先妌，是習見用法。「釁」，塗血於几
上，作為祭儀；動詞。

　　　（1）（2）辭之後再見補卜第（3）辭，而（3）辭卜問內容和（2）辭相當，
似乎是當日的貞人為了確認鬼神認可的是第（2）辭，才再一次的重複卜問。

　　本版的「王」字作王，「叀」字作，是較晚出的字形，但「其」字仍作，
保留早出的字形。「宰」字作，从山谷形分書，字形和非王卜辭相類。「妌
戊」，或為武丁的配偶。卜辭可定為第三期廩辛、庚丁卜辭。

4078（T23（2A）：70）

　　□〔巳〕卜：父戊歲，叀旦攸，王受〔又〕又？吉。

按：命辭前句「父戊歲」，是「歲父戊」的移位，賓語前置，此言歲祭於「父
戊」。「父戊」，並非商王直系名稱。「叀」，句首語詞。「旦」，屬時間詞，指
早上日出之時段，約上午六點。「攸」，象手持杖敲擊蛇之形，是殺牲方法之一；
動詞，字強調用敲打的方式殺牲，這裡省略祭牲。末句詢問句「王受又又」，即
「王受又（有）又（佑）」。

　　本版的「歲」字作，「叀」字作，「王」字作王，都是較晚出的字例。
「王受有佑」句，也是晚期卜辭的習用句。「攸」字从它倒書，寫法和非王、花東
卜辭均相類。

T31

4103（T31（3）：4＋23＋83）

　　（1）辛亥貞：〔王〕□□〔正〕☒？
　　（2）癸丑貞：王正召方，受又？
　　（3）乙卯貞：王正召☒？（一）
　　（4）其正？
　　（5）丙辰貞：王正召方，受又？

按：卜骨殘。（1）（2）辭由下而上讀，（3）（4）辭改在上而下分開書寫。

（1）辭命辭「王」字之後似是「木月」二字，用為月名。〈171〉（2）辭有「癸末貞：于木月征方？」，可以互參。「正」，從止朝向圍城，有攻伐意，是「征」字初文。詢問句「受又」，讀作「受佑」，即「王受有佑」的省略用法。

　　（3）（4）辭不作常態由下而上的占卜和記錄，在此殘片中無法具體理解。這裡是殷王親自出征召方，連續多日卜問受祖先保佑否。「召方」，和外族「𥄕（緋）」見於同辭，如〈合集 33019〉：「癸巳☒于一月伐𥄕眾召方，受又？」。「召方」又和殷附庸「竹」、「沚或」及將領「𡊬」見於同辭。例：〈屯1116〉：「己亥卜，貞：竹來以召方，于大乙束？」、〈屯 81〉：「辛未貞：王比沚或伐召方☒？」、〈合集 31974〉：「丁亥貞：王令𡊬眾𡊬伐召方，受又？」。以上的「緋」曾見於第一期賓組卜辭，〈合集 6〉：「癸巳卜，賓貞：令眾人肆入𥄕方☒墾田？」，又和武丁時西北方大族「舌方」同辭，〈合集 8598〉：「舌☒其以𥄕方？」，而「𡊬」其人卻是第三期後才出現於卜辭。這些定點，可供系聯出「召方」一族出末的時間，約在第一期至第三期卜辭之間的參考。

　　本版的「王」字作𝌆，「其」字作𝌃，是早出的字體，而「方」字作𝌐，「貞」字作𝌇的寫法，卻是較晚出的字。前辭都作「干支貞」，似又是第二期卜辭以後的用例。「受」字作𝌉，是一特殊的結構。

4178（T31（3）：79＋156）

（1）辛☒三〔百〕☒？
（2）☒〔其〕五牢？
（3）☒叡孚羊自大乙？
（4）俎，卯三牢，又辰？
（5）其五牢，又辰？
（6）☒〔俎〕即☒？

按：卜骨由下而上讀。（3）辭的「叡」，從手持倒隹獻於示前，用為獻牲的祭儀；動詞。「孚」，讀俘，修飾其後的「羊」。此言祭祖的羊牲是來自侵奪外邦所得。原釋文引〈粹 135〉：「甲辰卜：叡孚馬自大乙？」一句互參。「大乙」，即成湯。（4）辭的「俎」，切肉之祭。「卯」，讀卿，對剖，是俎祭時的一種殺牲法。「又（有）辰」句用為詢問句。「辰」，似是習見「𢀖」字之省止，即「𡱁」字，可隸作跊，讀震，有動蕩、不安意。卜辭多見卜問軍事的「今夕自亡𡱁？」，也有由正面的卜問「㞢𡱁」、「又𡱁」否的用法。如〈合集 17361〉：

「貞：茲邑其屮屢？」，〈屯2672〉：「又其屢？」是。

本版字形潦草，「五」字斜筆突出，「牢」字從牛耳處缺筆，「辰」字部件錯置，都不是常態的寫法。「俎」字從二肉似朝下，和花東甲骨字形相類。

T32

4286（T32（3）：2）

（1）甲☒？

（2）乙酉卜：又歲于祖乙，不雨？（一）

按：「又」，讀侑。（2）辭命辭的前句陳述侑祭時用斧戉伐牲的歲的儀式祭祀祖乙，後句「不雨」是詢問句，卜問不會降雨嗎？

卜辭在刻寫時多省略了在後面的詢問句，如一般習慣祈求的「亡禍」、「亡尤」、「亡災」、「王受佑」等是，讓後世讀者無從了解、確知貞卜詢問的內容和性質。（2）辭見是次祭祖是要卜問降雨的狀況，故特別的在陳述句之後明確點出此詢問內容。

本版的「祖」字簡寫，「不」字作𣎴，字形都屬稍晚。「酉」字尖底，中間二短豎向內收筆，又是一特殊字形。

T42

4301（T42（1）：1）

甲辰卜：翌日乙，王其迍于𢼊，亡戈？吉。

按：命辭的句首時間詞「翌日乙」，指的是貞卜日「甲辰」的次日「乙巳」，命辭陳述的內容是未來將要發生的事，「王其迍于某地」句中的「其」，屬將然之詞，正是要強調將要進行某活動的語氣。「迍」，字又從戈作迻，強調執戈移動之意。「𢼊」，下從酒瓶，亦有簡省從口，用為田狩地和師旅屯駐地名，字有與晚期帝乙、帝辛卜辭的「征人方」〈合集36489〉和地名「龜」〈合集36537〉同辭。

本版的「翌」字作𦏧，增從立聲，「王」字作王，都屬晚出字形，而「其」字作𣄴，仍維持早出的字形。本版卜骨的刻寫時間自然偏於晚期卜辭。

4304（T42（1）：4）

（1）己酉□：☑乙卯☑？□

（2）乙卯不阦？（二）

（3）壬午貞：高𧉚雨？（二）

（4）癸巳貞：大戊彡，☑其奉餗？（二）

按：卜骨由下而上分段讀。由兆序（二）看，本版屬成套卜辭中第二版的貞卜。（1）（2）辭似是正反對貞，卜問六天後的乙卯日放晴否。「阦」，即啓，《說文》日部：「啓，雨而晝姓也。」段注：「雨而晝除見日則謂之啓。」。或許當時下雨不斷，故有此卜。

（3）辭的「高」，應是「高祖」或「高祖某」的省稱。卜問是否高祖施災禍而降雨的。「𧉚」，從蛇咬趾，引申禍患意；動詞。近人有改隸作虫，復認為是從「虫」聲轉讀為「害」字，是不對的。核諸甲骨、金文、《說文》，「虫」字只用作意符，並無作為聲符之例。「彡」，即肜，示擊鼓之祭，三斜筆強調鼓聲彭彭。

（4）辭命辭前句是「彡（肜）大戊」的移位句。「奉」，增從𠬞，象手持農作上獻之形，有另隸作奏。字引申獻祭意；動詞。「餗」，從束聲，即鬻、粥字，是獻祭之物。

本版的「午」字作𠂤，是晚期卜辭的習見字形；而「其」字作☒，卻維持早出的字形。「大戊」，先王大庚之子，顛倒寫作「戊大」。

T44

4324（T44（3）：11）

叀夒尞先酭，雨？（三）

按：「尞」，即燎，象燒柴形，屬用火燒牲的祭儀一種。「夒」，從止倒書，寫法特別；殷先公名，又稱「高祖夒」，學界有認為是「帝嚳」，僅備一說。「叀夒尞」，即「燎夒」的賓語前置。「叀」字用為句首語詞，作為非常態句的標誌，復有加強前置名詞語氣的功能。「酭」，酒祭，屬一大祭名。殷人嗜酒，也重視用酒祭奠神祇。「先」，副詞，作為先後之先。末句「雨」分讀，動詞，用為詢問句。整句句意是強調在酭祭中先用燎的方式燒牲祭祀先王夒，目的是卜問有降雨否。卜

辭由於要強調祭拜的先祖名和燎祭而將之移前。

本版的「叀」字作單束的🌿形，「雨」字作⏝⏝形，都是早出的字形。「燎」字作✕形，字形潦草。

4331（T44（3）：21）

（1）乙未貞：于大甲桒？

（2）乙未貞：其桒自上甲十示又三：牛；小示：羊？

（3）乙未貞：于〔父〕丁〔桒〕？

按：卜骨由下而上讀，三辭前辭干支同日，應是同一祭祀順序的貞問。（1）辭先單獨被祭「大甲」，（2）辭合祭，用牛祭先王「大宗」十三人，餘「小宗」用羊祭，（3）辭又另單獨被祭「父丁」。「大宗」由「上甲」開始計算，是：上甲、大乙、大丁、大甲、大庚、大戊、仲丁、祖乙、祖辛、祖丁、小乙、武丁、祖甲，總共十三個直系先王。因此，接著的「父丁」是十三示之後的「庚丁」（卜辭寫作康丁）。本版刻寫時間自然是「庚丁」之子「武乙」的卜辭。依董作賓斷代分期，是屬於第四期卜辭的甲骨。

這版武乙卜辭的字例，見「未」字作🌿形，「貞」字有平頂作🗂形，「牛」字作🐂形，「自」字作🔻形，「于」字斜書作🖊形，但「其」字仍維持早出的▽形。本版前辭固定作「干支貞」，亦可以作為晚期卜辭斷代的參考。

相對的，《屯南》甲骨見這種合祭諸先王的例子，曹定雲等的原釋文都一律定為「武乙卜辭」，但可能不全是事實。例：

1. 〈994〉（H24）

（1）己酉貞：王乇首甼土方？

（4）癸亥貞：王其伐盧羊，告自大乙，甲子自上甲告十示又一：牛？茲用。在果四隀。

按：（1）辭卜問擒捕的「土方」，和殷西北方的「舌方」並出，習見自武丁以降的早期卜辭。一般武丁卜辭只言「伐土方」〈合集 6418〉、「循土方」〈合集 559〉、「登人征土方」〈合集 6413〉，但本辭卜問「擒土方」否，顯見此時的土方勢力趨不振，屬於早期偏晚的貞卜。（4）辭先單獨告祭「大乙」，接著再合祭「自上甲十示又一」多位先祖，用牲是牛一頭，卜問是次祭祀的吉否。句末接兆語「茲用」之後的補語，應是「在某地」的句式。此言在果地中四隀這個小區域進行

貞問。這種卜辭的前辭作「干支貞」，而在命辭之後才補記貞卜地名的句式，一般不見用於第一期武丁卜辭。「甲子自上甲告十示又一」，指甲日由上甲開始告祭，連續祭拜十一位直系先王，按常態言是由「上甲」一直算至「小乙」為止。而參考〈4331〉版的「先獨立祭拜一遠祖或始祖，再進行整體合祭諸祖，最後又是獨祭或專祭自己的先父」這一祭祀形式規律，本辭應該是屬於第二期祖庚的卜辭。

　　本版祖庚卜辭的字例，見「王」字作 大，「自」字作 𠂤，是早出的字形。「告」字作 𫜹，又作 𫜹，明顯是一字形過渡兩可的書寫。「方」字作 𣂪，「其」字作 𠀠，「牛」字作 ����，「貞」字作 𠂤，卻又是晚出的字，不見於武丁時期。至於前辭的「干支貞」和卜辭末的補語「在某地」用例，也不會是武丁時的卜辭。

　　2.〈1015〉（H24）

　　（1）弜戩彡，其令伐土方？

　　（2）甲辰□：伐于七大示？不□。

　　（3）于十示又二，又伐？茲用。

　　（4）甲辰卜：又祖乙歲？

按：卜骨由下向上分段讀。拓本模糊。釋文僅參原釋文。（2）（3）辭或為選貞，卜問用伐牲之祭祭祀直系祖先，是祭七位抑十二位，（4）辭是同日單獨歲祭「祖乙」。這裡選貞的「七大示」，是七位大宗先王。如由常態的自「上甲」始祭算起，應包括：上甲微、大乙、大丁、大甲、大庚、大戊、仲丁，共七個直系先王。接著的「祖乙」正恰好是合祭之後單獨祭祀的另一先王。因此，（3）辭的「十示又（有）二」，亦應該是由「上甲」開始算起，即包括：上甲、大乙、大丁、大甲、大庚、大戊、仲丁、祖乙、祖辛、祖丁、小乙、武丁十二人。由於（2）（3）二辭是單純的選貞，因而判斷卜問的時間，自然是「武丁」的下一代「祖庚」時期。對比〈1015〉和上述〈994〉見於同坑出土的第〈255〉和〈284〉版，二版上又同樣卜問和「土方」相同的戰爭，可見這幾版刻寫時間是相約的，同屬第二期祖庚卜辭。

　　本版的「辰」字作扁長的 𨑃 形，「午」字作直豎的 丨，都是晚出的字形。

　　3.〈601〉（H17）

　　（1）辛未卜：桼于大示？（三）

　　（2）于父丁桼？（三）

　　（3）弜桼，其告于十示又四？（三）

　　（4）壬申卜：桼于大示？（三）

　　（5）于父丁桼？（三）

（6）癸酉卜：桒于大示？□

按：卜骨由下而上分段讀。（1）（2）辭詞意相承，其中的（1）辭卜問奉（祓）祭直系的大宗先王，而（2）辭卜問祓祭僅自己的先王「父丁」一人宜否。二辭似有先後祭祀的關係。祭祀流程是先祭拜一群體，再專祭個人。（3）辭似是和（1）辭有正反對貞的關係，兩兩相對，這裡的「大示」，即大宗，「十示又（有）四」，是指十四位直系的大宗先王。（4）（5）辭又是另一組相因承的卜辭。同版連續三天卜問奉（祓）祭大宗。本版是成套卜問的第三塊卜骨。

有關（3）辭告（祰）祭的十四位直系先祖，常態是由「上甲」起算，即：上甲、大乙、大丁、大甲、大庚、大戊、仲丁、祖乙、祖辛、祖丁、小乙、武丁、祖甲、庚丁。因此，本版甲骨的刻寫時間，自然應在「庚丁」之後。如果，同版（2）（5）辭另卜的「父丁」，是指「十示又四」中最後的一位「庚丁」，本版自應是第四期武乙卜辭。但如按上引〈4331〉版「父丁」是在合祭以外另算的先王，則「父丁」只能是指「文丁」，而卜辭應定為第五期「帝乙」的卜辭。

本版字例，見「未」字作 𢆡，字形似應在〈4331〉版的 𢆡 形稍後，「告」字作 𠙵，「于」字斜筆作 𠂤，都是晚出的字形，但「其」字作 𘓓，卻又是早出的字。另見前辭「干支卜」的用法，和〈1015〉是相同的。又，本版的（7）（8）辭另見「奉，令从 𨽷」的文例，而「从 𨽷」的用法一般不見於第五期卜辭，而只習見於第一期和偶見於第三、四期的卜辭。因此，本版的時間，似以定於第四期武乙卜辭為宜。

有關這種合祭的卜辭，《屯南》另有三版殘辭的記錄：

4.〈1059〉（H24）

（2）乙丑貞：王其奠，𨽷侯商于父丁？（三）

（6）乙亥貞：王其夕令𨽷侯商于祖乙門？（三）

（7）于父丁門令𨽷侯商？（三）

（9）丁亥貞：今日王其夕令𨽷以方，十示又☒？（三）

按：卜骨由下而上，由外而內讀。（2）辭的「奠」，從酉從一，用為祭奠意；動詞。「商」，借為賞字。「父丁」，即「父丁門」之省，此指先王父丁宗廟之門。句意是𨽷侯受賞於殷王宗廟之門，「商（賞）」字在此有被動式的用法。

（6）（7）辭成組，或屬選貞的關係，卜問是次封賞是在「祖乙」抑「父丁」的宗廟。本版和〈994〉版都見於 H24 坑中，而「王」字作 𡊄，屬較早出的字形，和〈994〉版全同；前辭的「干支貞」，也和〈994〉版一樣。此外的「其」字作 𘓓，是早出字例，而「羌」字作 𦫵，「卯」字作 𠬝，則又是晚見的字。總的來

說，本版刻寫時間應和〈994〉版相同，是第二期祖庚卜辭，而（9）辭殘辭的「十示又☐」，理論上是「十示又一」之殘，即直系先王自「上甲」算至「小乙」共十一位，（2）（7）辭的「父丁」，無疑就是指「小乙」之子的「武丁」。

5.〈1116〉（H24）

　　（7）庚寅卜，貞：辛卯又歲自大乙十示：牛，〔小〕〔示〕：畿羊？（一）

　　（8）癸巳卜，貞：又上甲歲？（一）

　　（9）弜又歲？（一）

　　（15）乙未卜，貞：召方來，于父丁征？（一）

按：卜骨由下而上，由外而內讀。（7）辭在庚寅日獨立單卜，（8）（9）辭是第三天後癸巳日的正反對貞。又過了兩天，至乙未日才卜問（15）辭。三者不是同時並卜的卜辭。本版和〈994〉、〈1059〉同坑，「王」字作🔱，寫法又和〈994〉和〈1059〉相同，因此，本版刻寫時間似亦是第二期的祖庚時期。（15）辭的「召方」，是殷武丁時多見征伐的對象，而本辭言「召方來」，無疑此時的「召方」，是在已歸順為附庸之後。（7）辭的「十示」，這裡由「大乙」開始算，歲祭的直系先王是由「大乙」下算至「小乙」恰好十人。（15）辭的「父丁」，自然是「小乙」之子「武丁」無疑。由此來看，本版亦可論斷為第二期祖庚時所卜。可是，原釋文則認為「十示」之後有殘辭，在《屯南》書的前言更補充說：「此骨出土時十示下有又字，後在搬運過程中脫落，今據發掘現場摹本補入。」由於目前拓本上未見「又」字，暫仍就所見文字釋讀，存以備參。然如據原釋所言的「自大乙十示又☐」這一句型來推測，起碼由「大乙」起算的「十示又一」，已經是要涵蓋至武丁了。因此，同版獨立祭祀的「父丁」自然需要往下延順至「庚丁」，如此推算本版，則當理解為第四期武乙時所卜。

　　本版的「未」字作🌾，「自」字作🔱，「牛」字作🔱，都是晚出的字形，又和定為武乙卜辭的〈4331〉版字形全同。

　　透過以上討論，本版刻寫時間面臨兩難的抉擇，如根據同坑前後疊堆的版面時間相約言，加上「王」字字形、「召方來」一辭意和「十示」、「父丁」的順序準則，可定位第二期的祖庚卜辭；但如根據「未」「自」「牛」等字形和「十示又☐」、「父丁」的順序準則，卻可能要下推至第四期的武乙卜辭。目前的考量，一是尊重原挖掘者補充的意見，二是參照同版先祖名「王亥」的寫法。殷先公「王亥」的「亥」字，在早期卜辭都單純寫作「🔱」，至第三期（如〈合集 30447〉的「高祖王亥」）、第四期（如〈合集 34294〉：「辛巳卜，貞：王亥、上甲即于河？」）卜辭，才有增見从佳鳥之形。特別是〈合集 34294〉一殘片所刻的內容，

和本版的（2）辭：「辛巳卜，貞：王隻、上甲即宗于河？（一）」一辭基本上是全同的，其中的「辛」、「巳」、「王」、「隻」、「河」等字形亦復一樣，應是同時所刻。三是另參照同版（12）辭「出入日」的合用例，一般都見於第四期卜辭，如〈合集 32119〉。因此，本版暫宜維持原釋文的推論，定為第四期武乙卜辭。

6.〈3562〉（M16）

甲午貞：叀〔來〕☒其用自上甲十示〔又〕□：羌十又八，乙未☒？

按：卜骨殘片的前辭「干支貞」和「未」字作✦，用法和〈4331〉全同，而「午」字作✦，「羌」字作✦，都是晚出的字形，而殷將領「叀」字作✦，字從匕從𢀖，和第一二期卜辭習見的「叀」（✦）字形並不相同。因此，推論此版是第四期武乙的卜辭。原釋文推測卜辭殘辭是「十示又八」，對應以十八個羌人作犧牲，定此為武乙卜辭，亦可供參考。

綜論上述「自某祖若干示」的七版《屯南》用例，粗略的由刪去法看，上不見於第一期卜辭，下不達於第五期卜辭。一般只出現於第二至四期卜辭之間，而又以第四期的武乙卜辭最為普遍。

4352（T44（4C）：43反）

（1）☒〔昇〕☒。
（2）五六七八。

按：卜骨背面見數字順書作「五六七八」，其中的「六」字形倒書；此辭或亦可由下而上反著看，即「八七六五」。但就筆鋒由重而輕，由粗而細的寫法觀察，應依前者的順讀。此四字屬習刻，又或者和用蓍草占卜的「數字卦」有關，仍待進一步比對研究。

T52

4397（T52（2）：57）

（1）河□五？（二）
（2）河叀十？（二）

（3）河袞十又五？（二）

（4）岳袞彡酚？（二）

（5）丁丑貞：叀辛巳酚河？（二）

（6）于辛卯酚？（二）

（7）□子貞：岳袞眔河□？

按：卜骨由下而上，由外而內讀。（1）至（3）辭為選貞關係，卜問燎祭河神的祭牲數是「五」抑「十」抑「十五」。「河袞（燎）」，即「燎河」的倒文，賓語前置。三辭的數字之前應省略祭牲名。

（4）辭「岳袞」，亦即「燎岳」的倒文。「袞」，即後字。用為先後之後，此言在彡祭時最後用燎祭的儀式拜祭岳神。句意和〈4324〉的「叀嫠袞先酚，雨？」一句可以互參。因此，本辭或省略後句詢問句的卜問內容「雨？」否。

（5）（6）辭是另一組選貞，卜問酒祭河神的時間是這一旬的辛巳日抑下旬的辛卯日。「叀干支」和「于干支」相對，句首虛字「叀」帶出較接近於貞卜日的時間，「于」字則帶出較遠於貞卜日的時間。二字的功能，有強調其後兩個時間詞的早晚關係。

（7）辭命辭應是「燎岳眔河」的移位。「眔」，即遝，今作逮，及也；連詞。學界另有認為是「暨」字，備參。

本版的「叀」字作 $\ast$，「貞」字兩豎筆突出拉長，「燎」字草寫作 米，酒祭的「酚」字從酉二中豎朝內作 V 形，都是較晚出的字形。

T53

4476（T53（2B）：94）

（1）乙□？（一）

（2）戊申卜，貞：□？（一）

（3）辛亥卜，貞：王其田，亡災？

（4）戊午□，貞：王□田，亡□？

（5）辛酉卜，貞：王其田，亡災？

按：卜骨殘，基本上是由下而上分段讀。「田」，意指田狩；動詞。殷王進行出獵，連日持續卜問是次活動將「無災」否。本版見前後相距三天貞問一次，（1）

辭前辭應是「乙巳卜，貞」之殘。

　　本版的「王」字作王、「戊」字作枏、「午」字作丨、「其」字作⊠、「貞」字豎筆拉長突出、「酉」字作⧗，一致屬於晚出的字形。原釋文定為第五期的帝乙卜辭，備參。

4489（T53（2B）：111）

　　　丁未貞：王令宣収眾伐，才河西沚？

按：卜骨殘。「宣」，殷將領名，字常見於第四期卜辭。「収」，即登字之省，有徵召意。「眾」，用為殷人低下階層的泛稱，字上從日省中橫。「伐」，從戈砍人首，用為征伐、殺伐意，也有用作砍首的祭祀殺牲法。目前看，本辭「伐」字是作為戰爭卜辭的動詞，一般文例見「登伐某外邦」。「才」，字讀在。「河」，用為黃河，水的專名。「沚」，也用為水名，應是黃河的支流。「西沚」成詞。

　　本版的「王」字作大，是早出的字形，而「未」字作业，卻是晚出字形。原釋文定為第四期的武乙卜辭，可參。

4511（T53（4A）：140）

　　（1）辛未卜：☒？
　　（2）壬申屮鹿？（一）
　　（3）壬申卜：其鹿？

按：本版是《屯南》中一版稀有的卜龜殘甲。（2）辭干支下面骨橫紋處未審有否一「卜」字。「屮」，讀又，即侑字，求佑的泛祭；動詞。一般見於第一、二期卜辭用「屮」，晚期卜辭則多改作「又」形。但這裡「屮」字的中豎筆不出頭，寫法也可怪異。（2）（3）辭詞位相對，內容應相類。（3）辭命辭似是「其屮：鹿」之省動詞。「鹿」，有釋作麇，可備一說。

　　本版的「未」字作业，「其」字作⊔，都是早出的字形。「申」字作丿，「屮」字作丄，則屬於較獨特字例。原釋文定為武丁時期卜辭，備參考。

附：小屯西地出土甲骨

附1（71ASTT1（7）：4）

（1）祖庚：豚，父乙：豚，子：豚？

（2）衉廌，丙：鼎犬，丁：豚？

（3）衉臣，父乙：豚，子：豚。母壬：豚？

按：卜骨也是由下而上，由外而內的讀法。三辭各自獨立卜問，都省略前辭。
（1）辭命辭前省祭祀動詞，可能是省略一「衉（禦）」字。禦，求吉去凶的泛
祭。「豚」，從肉豕，《說文》肉部：「豚，小豕也。」段玉裁注：「《方言》：
豬，其子或謂之豚，或謂之豯。」（1）辭祭祀「祖庚」、「父乙」和「子」，各
用豚一頭，卜問宜否。「父乙」，或即祖庚的孫輩「武乙」，或屬非王一類而另有
所指。因此，如依前者，本版時間理論是第四期卜辭「文丁」時所卜。

（2）辭先進行禦祭以廌，「廌」，《說文》廌部：「廌，似山牛，一角。象
形」。其後的「丙」、「丁」，是指丙日祭的祖先和丁日祭的祖先。「鼎犬」，是
用鼎盛載的犬牲，和〈附3〉一版的「盧豕」二辭可相對來看。（3）辭的「衉
臣」，是先用人牲「臣」一人作總的祭祀，然後分別各用動物「豚」一頭專祭「父
乙」、「子」和「母壬」。「母壬」似為「父乙」的配偶。「母某」排列於「父
某」和子之後，殷民族或已有男尊女卑的觀念。

本版的「衉」字作⿰⿱⿰，「庚」字作⿱，都是較晚出的字形。

附3（71ASTT1（7）：8）

（1）衉眾于祖丁：牛，妣癸：盧豕？

（2）衉祖癸：豕，祖乙：麂，祖戊：豕、豕？

（3）乍疫，父乙：豕，妣壬：豚，兄乙：豚，化□？

（4）兄甲：豚，父庚：犬？

（5）衉牧于妣乙：盧豕，妣癸：麂，妣丁：豕，妣乙：豕、豕？

（6）乍妣丁？

按：卜骨由外而內讀。「衉」，讀禦，祀也，祭祀的泛稱。（1）辭求降佑於一般
低下階層的「眾」，祈求的對象是「祖丁」，用牛牲一頭，同時祭祀「祖丁」的配

偶「妣癸」，用的是「盧豕」。盧，《說文》皿部：「盧，盧飯器也。」，即今爐字。此言用盧盛豕以祭。

（2）辭「彘」，從豕身具矢，是獵獲的豬。「豕、豕」，圖畫意味濃，用法特別古奧，強調的是兩隻豕，與書寫作「二豕」相同。「豕」字背具鬃毛，或指的是成年的野豬。（5）辭的「牧」，職官名，或指專司放牧的人。

（3）辭的「乍」，即「作」字初文，字象衣的下擺，示半衣之形，指未完成而將要完成的衣服，引申有當下、正在進行的意思。「疫」，字從疾從攴，示外來的疾病。此辭謂癘疾的蔓延正發生，祭祀先人以求去災。祭牲「豕」的字頭大都遭刮削，參見拓片可清楚目驗，原因不詳。殷人用豬祭祖，或已有將祭牲的首身分置之習。

本版祭祀的祖先名和殷王世系不合，似屬非王一類卜辭。其中的「帗」字作 坨，「牛」字作 屮，都是較晚出字形，而「癸」字作 父，「戊」字作 戉，卻又保留早出的字形。

附 5（71ASTT1（7）：12）

（1）彳帗父甲：羊，又帗父庚：羊？
（2）彳帗于父乙：羊，于又妣壬：豚？
（3）帗父乙：羊，帗母壬：五豚，兄乙：犬？

按：卜骨大致由外而內讀。本版祭牲的頭部刻畫都明顯被剔去，詳參原拓片，這和當日的祭祀實況或有關聯。

（1）辭「彳」，或讀升，示灑奠血水之祭儀。「又」，連詞。（2）辭的「于又妣壬」，應即「又帗于妣壬」的省略兼移位。

（3）辭句首的「帗（禦）」字亦應理解為「彳帗」之省，「兄乙：犬」句，亦即「帗兄乙：犬」之省。

卜辭文辭古樸，句型復不穩定。本版按祭祀「父甲」、「父庚」、「父乙」的排列，早年的郭沫若曾判斷為武丁祭拜父輩的「陽甲」、「盤庚」、「小乙」所卜。但版中另見的「兄乙」，甚至「母壬」、「妣壬」，都找不到相對應的文獻人名。此版應亦屬非王一類卜辭，祭拜的妣、父、母、兄之名恐和殷王直系大宗的名稱不見得有關。

本版的「帗」字作 坨，「庚」字作 禸，都是較晚出的字形。原釋文推為康丁一武乙時的卜辭，可參。本版可定為晚期的非王卜辭。

附　錄

附一：由文例系聯論《小屯南地甲骨》「歷卜辭」的時間

一

　　有關殷甲骨「歷組卜辭」的刻寫時間，究竟是屬於董作賓五期斷代的第一期抑或第四期卜辭，學界一直爭執不休。早在 1956 年陳夢家出版《殷虛卜辭綜述》[1]時，首先將貞人「歷」界定為第四期的武乙卜辭。其後，1977 年李學勤提出「歷組卜辭」的概念，認為此類卜辭的時代是第一期武丁至第二期祖庚時期，並提出這類卜辭中有「父乙」稱謂的部分是武丁卜辭，有「父丁」稱謂的部分是祖庚卜辭[2]。自 1973 年小屯南地甲骨的出土，又發現新的一批「歷組卜辭」，供學界再一次的檢視。參與挖掘並接觸實物的蕭楠，據地層和陶片的關係堅定提出「歷組卜辭」應回到第四期武乙、文丁卜辭的說法[3]。

　　關於「歷組卜辭」此一用詞，陳煒湛曾批判並非科學的概念。這類卜辭的貞人，只有單獨一個貞人名「歷」，並無與其他貞人具同版系聯的關係，實不算成「組」[4]。學界更不宜將「人組」和「骨組」、「字組」的不同觀念加以混淆在一起。同時，近代學人輕易據字體的風格來確立「歷組」的範圍，並盡量求其細分，於是又延伸出許多複雜不清、定義不明，復瑣碎不堪的名詞，如：「𠂤歷類大字類」、「𠂤歷類小字類」、「𠂤歷間組」、「歷𠂤間組」、「歷組一類 A」、「歷組一類 B」、「歷組二類 A」、「歷組二類 B」、「歷組二類 C」、「歷草類」、「歷無類」等等紛紜組別[5]。以上這些歷卜辭分組分類，將甲骨研究的範圍擴張和

---

[1]　參陳夢家《殷虛卜辭綜述》第五章〈斷代〉下第八節 202 頁。中華書局，1988 年 1 月。陳氏是根據歷卜辭的字體歸屬於武乙。

[2]　李學勤〈論婦好墓的時代及有關問題〉，《文物》1977 年第 11 期。

[3]　蕭楠〈論武乙、文丁卜辭〉、〈再論武乙、文丁卜辭〉：文見《甲骨學論文集》，中華書局，2010 年 7 月。

[4]　參陳煒湛〈「歷組卜辭」的討論與甲骨文斷代研究〉，《三鑒齋甲骨文論集》，上海古籍出版社，2013 年 10 月。

[5]　參劉風華《殷墟村南系列甲骨卜辭整理與研究》11 頁～85 頁。上海古籍出版社，2014 年 5 月。

內部的細緻區隔是否合理，關鍵仍在於「字形」是否能判別斷代分期，或作為分組類的絕對甚至唯一的標準。我們曾由《小屯南地甲骨》[6]（簡稱《屯南》）大量同版異形和同坑異形的字例觀察，發現不同的異體字形竟能在同一版甲骨，以至同一坑上下或周遭堆疊的甲骨中出現，這在在證明單由字形的差異言，實無法作為甲骨斷代分組類的必然證據。字形結構流變的對比，充其量只能提供甲骨時代上下限對應的參考旁證，每字的所謂「早」「晚」期限的區隔，都只是相對的概念，且又各自不相同，某字字形的早期可能已是另一字的晚期，字的書寫風格就更不能承擔斷代的任務了。至於討論「歷組卜辭」這批材料，貞人只見一「歷」，談不上成組，就名實而言需先更正稱作「歷卜辭」為宜。研究「歷卜辭」不應僅根據字形的相近似，就無限上綱的系聯其他不具貞人名的甲骨版。務實地看，應依循陳煒湛所持的態度，首先檢查現有確知貞人是「歷」的辭例的性質，建立「歷卜辭」內部的基本準則，再思考落實可靠客觀的系聯方法，才能在這基本準則上作嚴謹的拓大研究。

二

有「歷」字的卜辭，在《屯南》中僅見七版卜骨，且都屬殘片：

1.〈屯 457〉（H2：817）

　　（1）癸〔未〕□貞：旬□□？□

　　（2）☒？

　　（3）癸巳壣貞：旬亡囚？（一）

　　（4）又囚？（一）

　　（5）癸丑壣貞：旬亡囚？

　　（6）又囚？（一）

　　（7）癸亥壣貞：旬亡？

　　（8）☒？

2.〈屯 905〉（H24：101）

　　（1）癸酉壣貞：旬亡〔囚〕？（一）

　　（2）癸未壣貞：☒？（一）

3.〈屯 1181〉（H24：491）

　　□〔壣〕□？

4.〈屯 1203〉（H24：515）

6　中國社會科學院考古所編，《小屯南地甲骨》，中華書局，1980 年 10 月。

　　　　　☒〔歷〕☒？

5.〈屯1224〉（H24：538）

　　（1）癸〔未〕歷貞：☒亡☒？

　　（2）☒〔又〕囧？

　　（3）☒〔歷〕☒？

6.〈屯1533〉（H24：902）

　　（1）☒囧？

　　（2）□未□歷☒囧？

7.〈屯3438〉（M13：646）

　　（1）癸丑貞：歷旬☒？

　　（2）☒亡囧？

以上《屯南》七版「歷卜辭」殘骨，其中五版都集中在 H24 一坑，卜辭內容只有「癸某日歷貞：旬亡囧（禍）？」的一句句式，對貞句則為「又（有）囧（禍）？」。這類卜旬卜辭習慣在一旬之末癸日傍晚占卜下一旬的吉凶，並多見按旬先後次序連續的貞問；但亦有獨立的單貞，只卜問下旬的「亡禍」否。然而，單由這些甲骨卜辭內部的用例，甚至如只是純靠文字字形，實無由進一步擴大其研究空間和落實斷代的步驟。目前評估，深化研究「歷卜辭」的可行方向：由於小屯南地出土的甲骨是有清楚的挖掘坑位和地層記錄的，這批以牛骨為主的甲骨是集中在同區相鄰的儲存坑，或集體的廢置在同一甲骨坑中，同一坑的甲骨版與版緊密的層累積疊，無疑可視作是同一堆相約時段所刻寫的殷商史料。因此，清查《屯南》「歷卜辭」骨版在同版所處位置的上下周遭緊壓的若干甲骨，可以推知是屬於該版「歷卜辭」在前後相約時間所發生的占卜內容。如果這一思路不錯，我們就可以依據這七版「歷卜辭」作為核心點，系聯其鄰近上下甲骨的特殊文例事例，從而豐富了解「歷卜辭」同時段相關事類的線索，幫助我們有更多判斷「歷卜辭」可能時間的佐證。至於提供系聯相互積疊甲骨的尋覓範圍自然不能無限拓大，系聯甲骨基準有二：其一是以「歷卜辭」同坑所處位置的前後限約二十版號為原則；其二是系聯甲骨的相關文例事例，也曾出現在其他版「歷卜辭」相互積疊的甲骨之中，彼此可以互為參照，以保障該文例事例是「歷卜辭」同時期的一普通用例，而並非孤證。

　　下面，初步整理供系聯七版「歷卜辭」的可靠文例事例如次：

1.〈屯457〉（H2：817）

　　在 H2 坑本版「歷卜辭」可以系聯的文例：

　　（1）祭祀對象和用句。

〈441〉的「上甲」、「又祖乙歲」、「妣丙」、「歲自父丁」。

〈427〉的「于父丁桒」。

（2）人物。

　　　㞢，見〈427〉、〈441〉。

（3）「干支貞：旬亡囚？」句，見〈429〉、〈440〉。

（4）「干支卜：王往田，亡戈？」句，見〈420〉。

（5）「受有佑」，見〈458〉，後二字用重文號書寫作「又又」。

2.〈屯905〉（H24：101）

在 H24 坑本版「歷卜辭」可以系聯的文例：

（1）祭祀對象。

　　「上甲」、「大乙」、「示王」、「祖乙」、「妣癸」、「父丁」；

　　「伊」；「高」、「河」、「岳」。例：

　　〈893〉：「父丁」。

　　〈900〉：「上甲召于大乙卯」。

　　〈911〉：「桒禾于示王：三牢」。

　　〈911〉：「伊」。

　　〈914〉：「河燎牢，沈」、「〔岳〕燎小宰，卯牛一」。

　　〈916〉：「桒禾于高眔河」。

　　〈921〉：「即于上甲」。

　　〈922〉：「酳劦日大乙，其召于祖乙」。

　　〈923〉：「丁未又父丁」。

　　〈935〉：「酳燎于父丁」。

　　〈936〉：「王其米以祖乙眔父丁」。

（2）人物。

　　「箙旌」、「婦好」，見〈917〉：「钔箙旌于婦好」。「沚或」、

　　「㞢」，見〈935〉：「今日令沚或」、「王□令或歸」、「㞢以眾𠂤」。

　　「𣪘」，見〈910〉：「壬子𣪘示。」

（3）方國。

　　「旁方」，見〈918〉：「王令旁方幸」。

（4）「干支貞：旬亡囚？」句，見〈929〉、〈937〉。

（5）「王其田，湄日亡戈？」句，見〈898〉。

（6）「叀某地田，屯日亡戈？」句，見〈897〉。

（7）「出入日」，見〈890〉：「酳出入日，歲三牛」、「其卯出入日，歲三

牛」。

（8）「秦禾」，見〈890〉：「秦禾」、〈911〉：「己卯貞：秦禾于示王：三
　　牢？」、〈916〉：「秦禾于高罙河」、〈921〉：「秦禾」。

（9）「又羌」，見〈882〉。「十羌」，見〈874〉。

其中，「人物」一項的〈910〉：「王子㱿示。」一句，是骨版的正面，屬記
事刻辭，明確有屬第一期貞人名的「㱿」。骨的反面是〈911〉版，見「秦禾于示
王」，和祭祀先臣「伊」。原釋文謂：「出現這種現象，可能是晚期利用了早期的
卜骨。」，對比鄰近的〈935〉版的「𡇯」，過去認定為第三、四期卜辭中的殷將
領名，可為佐證。當然，亦可藉此考慮骨版反面的文例屬於和第一期時間相約書寫
的文字。而附近的〈917〉版，見「乙酉卜：禦籫旐于婦好：廿犬？」、「乙酉
□：籫旐亡囚？」例，其中的「籫旐」也用為第一期的活人名，對應〈合集
301〉：「丁亥卜，㱿貞：昔乙酉籫旐卲☑丁、大甲、祖乙：百𡰪、百羌，卯三百
☑？」一辭，見「籫旐」也曾出現在第一期的卜辭；而同版的「婦好」是禦祭禱求
的對象。卜辭「卲（禦）A于B」例，句中的A是活人，禦祭冀求賜福無恙的人；
B一般是死人，屬祭拜的對象，大部分是先公妣名，習慣是以天干為名；但偶有用
活人名的，如：

〈合集 19986〉　　戊寅卜：卲子于婦鼠姤？六月。

〈合集 10936〉　　反　　卲于王，彳☑乙隹囚？

〈合集 9560〉　　　壬午卜，賓貞：卲辜于丁？（三）

　　　　　　　　　　貞：于婦卲辜？三月。

〈合集補 2617＋4314〉　癸巳卜，爭貞：卲亘于丁？（三）

〈花 258〉　　　　☑卲于丁，雨？用。

〈合集 3239〉　　卲箕于多子？

上引的〈合集 9560〉「卲辜于丁」和「于婦卲辜」緊靠千里線兩側對貞，句中的
「丁」字中有一小橫，可隸作日，但由文例和對貞用意看，仍應為人名的「丁」。
以上的「婦鼠」、「王」、「丁」、「婦」都能理解為居上位的活人，「多子」則
是活人集團「多子族」的泛指。如此，〈917〉版以婦稱具私名的「婦好」，自可
視為活人名。「婦好」為習見的第一期卜辭中殷王武丁的配妃。目前評估，以「卲
某于某」句理解後一「某」為活人名，究屬特例用法，而「𡇯」字用為晚期人名則
是一常例，因此，據後者作為「人物」斷代考量，恐宜優先。

3.〈屯 1181〉（H24：491）

在 H24 坑本版的「歷卜辭」供系聯的文例：

（1）人物。

「叟」，〈1178〉：「☑叟步自☑？」。

（2）方國。

「大方」，〈1209〉：「叀〔大〕方伐？」。原釋文 936 頁：「大方，方國名。過去見於武丁卜辭（《粹》801、《合》87、《南坊》3‧61、《文》646），廩辛卜辭（《粹》1152），此次又見於武乙卜辭。」

（3）「干支貞：旬亡囚？」句。見：〈1172〉（1）「癸☑貞：☑亡☑？」、（2）「□□□：旬□〔囚〕？」、〈1202〉「癸未貞：旬亡囚？」。

（4）「王其田，湄日亡戋？」句，見〈1180〉：「☑壬，王其田，湄日☑？」。

（5）「寧秋」，見〈1170〉。「秋」為一負面語言，或指蝗蟲禍害農作的意思。

4.〈屯 1203〉（H24：515）

在 H24 坑本版「歷卜辭」可以系聯的文例：

（1）祭祀對象。

「高祖乙」，見〈1219〉。「妣庚」，見〈1220〉。

（2）「彳歲」，見〈1212〉：「☑彳歲于☑牢，乙丑☑三牢？」。

5.〈屯 1224〉（H24：538）

同在 H24 坑本版「歷卜辭」可以系聯的文例：

（1）祭祀對象。

「羌甲」，見〈1226〉：「□寅卜：其又歲于羌甲？」。「祖丁」，見〈1255〉：「☑又豐，叀祖丁庸用？」。

（2）「酚奉」，見〈1229〉：「□亥貞：甲子〔酚〕奉？在叀，□〔九〕月卜。」。

（3）「王其乍」，見〈1249〉：「☑王其祚，☑酚☑？」。

6.〈屯 1533〉（H24：902）

在 H24 坑中，本版「歷卜辭」周遭可供系聯的文例：

（1）祭祀對象。

「上甲」，見〈1531〉。

（2）人名。

「沚或」，見〈1571〉。

（3）「干支貞：旬亡囚？」句，見〈1547〉（1）「癸巳貞：旬亡囚？」、（2）「□□□：旬亡囚？」。

（4）「奉禾」，見〈1530〉。

（5）「寧秋」，見〈1538〉。

（6）「入日」，見〈1578〉。

（7）「木月」，見〈1543〉：「□臣〔貞〕：☑木月其雨？」。

（8）方國。

　　「𦎫」，見〈1536〉：「☑〔伐〕𦎫☑？」

7.〈屯3438〉（M13：646）

在 M13 坑中，本版「歷卜辭」可以系聯的文例：

（1）祭祀對象。

　　「上甲」，見〈3391〉（2）「庚辰卜：又于上甲？」、（3）「□辰卜：
　　弜又？」。

（2）人名。

　　「沚或」，見〈3488〉。「𡊁」，見〈3394〉。

（3）「干支貞：亡旬𡆥？」句，見〈3431〉：「癸酉貞：旬亡𡆥？（二）。」、
　　〈3426〉：「癸□貞：□亡𡆥？」。

（4）「受有佑」。見〈3410〉、〈3411〉。

（5）「乞骨」。見〈3427〉：「己☑寅乞骨。」、〈3480〉。

（6）「叙燮」。見〈3425〉：「□巳卜：其又歲于☑？叙燮。」。

以上，大致系聯出《屯南》七版「歷卜辭」的同時文例，其中有若干更屬諸版
互見的普通用例，可作為拓大研究「歷卜辭」的可靠資料，如「羌」、「父丁」、
「奉禾」、「出入日」、「沚或」、「𡊁」、「乞骨」、「干支貞：旬亡𡆥？」等
習用語言和人名。下面，僅透過《屯南》諸條「歷卜辭」周遭出現的「羌」、「父
丁」、「奉禾」、「召方」四個用例，嘗試進一步觀察「歷卜辭」可能刻寫的上下
限時間。

三

《屯南》甲骨帶貞人「歷」的「歷卜辭」只見〈457〉（H2：817）、〈905〉
（H24：101）、〈1181〉（H24：491）、〈1203〉（H24：515）、〈1224〉
（H24：538）、〈1533〉（H24：902）、〈3438〉（M13：646）七版。其中，可
供系聯的同坑文例，H24 坑中〈905〉版附近有〈874〉的「十羌」，羌字作𦫳，
〈882〉的「又羌」，羌字作𦫳；〈1224〉版附近有〈1226〉的「羌甲」，羌字作
𦫳。我們嘗試透過「羌」字的用法和字形流變，觀察《屯南》這些相關「羌」字形
甲骨的時間，從而推測同坑「歷卜辭」刻寫時間的上下限。

有關「羌」字用例和字形的關係，根據董作賓的五期斷代，可以排列如下諸

表：

a.執羌。

第一期羌字都作🔠，如〈合集 139〉，前辭有貞人爭；〈合集 223〉，前辭有貞人賓。

第三期羌字一般作🔠，如〈合集 26971〉；偶有作🔠，如〈合集 26950〉。

b.弋羌。

第一期羌字作🔠，如〈合集 6630〉，前辭有貞人瞉；〈合集 20404〉，前辭有貞人叶。

第三期羌字作🔠，如〈合集 27983〉的「幸弋羌方」。

c.歲羌。

第一期羌字作🔠，如〈合集 320〉，有殷將領名畢。

第二期羌字作🔠，如〈合集 22542〉，有貞人大。

第四期羌字作🔠，如〈合集 32147〉。

d.若干羌。

第一期羌字作🔠，如〈合集 301〉有貞人瞉，〈合集 309〉有貞人丙，〈合集 336〉有貞人賓。

第二期羌字作🔠，如〈合集 22546〉有貞人出，〈合集 22556〉有貞人旅；偶有作🔠，如〈合集 22605〉有貞人旅。

第三期有改作「名一數」的「羌若干」、「羌若干人」，羌字作🔠，如〈合集 26907〉有貞人彭，〈合集 26913〉有詢問句「王受又（佑）？」，〈合集 26954〉前辭作「干支卜貞」，句末有詢問句「王受又（有）又（佑）？」。

第四期互見「若干羌」和「羌若干」的用例，字形作🔠，如〈合集 32042〉的「羌百羌」，〈合集 32050〉前辭作「干支卜」的「若干羌」，〈合集 32053〉前辭作「干支貞」的「羌若干」，〈合集 32099〉：「庚寅貞：酚彳歲自上甲六示：三羌、三牛」。偶有作🔠，如〈合集 32119〉的「羌一」。

e.禦羌。

第一期作🔠，如〈合集 6614〉有貞人瞉。

第三期作🔠，如〈合集 27973〉。

f.侑羌。

第一期出🔠，如〈合集 444〉有貞人爭。

第二期作🔠，如〈合集 22558〉有貞人旅。

第三期作🔠，如〈合集 26924〉的「☑卜：其又羌妣庚三人？」，〈合集 26919〉的「其又羌十人，王受又？」，〈屯 2374〉的「戊午卜：其召父己，又

羌？」；其中的「父己」，應即祖己，武丁之子。第三期另有作〔字形〕，如〈懷1374〉的「其又于父庚：羌？」；「父庚」，即祖庚。

　　第四期作〔字形〕，如〈合集32117〉的「壬辰卜：其奉年于夔，燎又羌？」。

g.用羌。

　　第一期羌字作〔字形〕，如〈合集456〉，前辭有貞人爭。

　　第三期羌字作〔字形〕，如〈合集26954〉有貞人狄。

　　第四期羌字作〔字形〕，如〈合集32151〉，前辭作「干支貞」；亦有作〔字形〕，如〈合集32122〉。

h.伐羌。

　　第一期羌字作〔字形〕，如〈合集6619〉。

　　第二期羌字作〔字形〕，如〈合集22550〉有貞人行，命辭有「王賓父丁」句，其中的王字作〔字形〕，「父丁」即武丁。第二期另有作〔字形〕，如〈合集22569〉有貞人行。

　　第四期羌字作〔字形〕，如〈合集32068〉，前辭作「干支貞」。

i.以羌。

　　第一期字作〔字形〕，如〈合集94〉有貞人亙。

　　第二期字作〔字形〕，如〈合集22542〉有貞人即。

　　第三期字形全改作〔字形〕，如〈合集26953〉有貞人何。

　　第四期前辭沒有貞人，多作「干支貞」，「以羌」多作「〔字形〕」〈合集32022〉、「〔字形〕」〈合集32030〉，偶有保留「〔字形〕」〈合集32028〉。其中的「射〔字形〕〔字形〕，用自上甲」〈合集32022〉、「用望乘〔字形〕自上甲」〈合集32021〉為常見文例；例與〈屯9〉同。

　　第五期作「〔字形〕」，如〈合集35356〉：「乙丑卜貞：王其又彳于文武帝必，其以羌五人，正？王受又又？」。王字上增橫畫和從中豎，和「王受有佑」句，都屬第五期卜辭的特徵用例。

j.來羌。

　　第一期作〔字形〕，如〈合集229〉有貞人賓，〈合集248〉有貞人殼。

　　第二期作〔字形〕，如〈合集22539〉有貞人旅；有作〔字形〕，如〈合集22541〉。

　　第四期作〔字形〕，如〈合集32017〉：「癸卯卜，〔字形〕來羌，其□？」，〈屯725〉：「□貞：祥來羌，其用于父丁？」，原釋文定為第四期武乙卜辭，對比〈英2411〉的「己卯貞：祥來羌，其用于父□？」，字形相同，前後文的用法相當。

　　整理以上十項「羌」字用例，見字形的常態流變是：

（一、二、四期）　　　（二、三、五期）　　　（三、四期）　　　（三、四期）
（以第一、二期為主）　（以第三期為主）　　（以第三期為主）　　（以第四期為主）

另，在第三期卜辭的〈合集 27980〉、〈合集 27987〉有 形，是羌字兼具繫繩和套首形的過渡用字。

反觀《屯南》甲骨中習見的「以羌」一用例，按字形可分作三類：

1.

〈188〉　　　　　　　「□ 以羌父丁」

〈539〉（7）　　　　「犬征以羌，用自上甲」

按：由〈539〉版中，見牛字作 、自字作 ，邑字作 ，叀字作 ，前三字字形屬較早出的筆序和結構。特別是「邑」字用為較早期卜辭的人名。

2.

〈9〉　　　　　　　　「射 以羌，其用自上甲，幾至于□」

〈636〉（1）　　　　「射 以羌，其用自上甲，幾至于父丁」

按：〈9〉版的牢字作 ，自字作 ，邑字作 ，叀字作 ，未字作 。〈636〉版的牢字作 ，自字作 ，邑字作 ，其字作 ，叀字作 。二版字形和句組相同，但卻稍晚於上一類字。特別是「邑」字用為晚期卜辭的人名。

3.

〈606〉（5）　　　　「其禱方以羌，在升，王受又又」

〈2293〉（9）　　　「犬侯以羌，其用自」

按：〈606〉的禱字為昇之繁體，方字作 ，王字作 ，其字兼作 、 、庚字兼作 、 。〈2293〉的未字作 ，其字作 。「王」字字形一般見於第二至第四期卜辭，而「王受又（有）又（佑）」句則始見於第三期，而大行於第五期卜辭；但其中的「王」字在第五期卜辭都已經寫作 形，和本版寫法不同。

以上《屯南》三類「以羌」字例，可按順序先後排比而下。前二類中的「父丁」句，就字形和文例言上不至於第一、二期卜辭，第三類的「王受又又」一句例又下不至於第五期卜辭。因此，這裡的「父丁」只能是指康丁，乃武乙對父親康丁的稱謂。三類「以羌」的用法宜定位在第三、四期，主要是屬於第四期的武乙卜辭。

再對比上文和「歷卜辭」有關的同坑「羌」字字形，只有寫作「 」和作「 」者，可推知這裡「歷卜辭」的時間，主要是落在第三、第四期之間，而絕不會出現於第一期和第五期。學界有把「歷卜辭」推前，介定在第一、二期的武丁至

祖庚時期的卜辭，可能不是事實。

四

《屯南》「歷卜辭」的七版卜骨，主要見於 H2、H24 和 M13 三坑，復集中在 H24 坑。根據《屯南》一書前言陳述坑位的狀況，H24 是出於探方 T21（3A）層和 T22 第三層下，是有意識的儲存坑，甲骨層疊堆積，是屬於中期灰坑。而 H2 是出於探方 T2（3）層下，乃廢棄的卜骨由北向南傾倒，是屬於晚期灰坑。如此看來，「歷卜辭」總的應是殷商中晚期時候才放置於坑中的甲骨。

有關「父丁」一詞，是子輩對於父輩名丁的稱謂語。由五期斷代思考王卜辭中所見的「父丁」，理論上可理解是屬於第二期祖庚祖甲所卜，或是第四期武乙所卜，又或是第五期辛乙所卜。《屯南》甲骨涵蓋刻寫的時間頗長，分別有見於第一至五期卜辭。因此，同屬一「父丁」之名，可能代表的是對「武丁」、「康丁」或「文丁」的稱呼。下文只考量「歷卜辭」同坑延伸的相關《屯南》「父丁」用例，進行觀察。H2 和 H24 坑中「父丁」的記錄，有：

1. 〈68〉（H2：72）
    （3）丙申卜：鼻並酚祖丁眔父丁？
2. 〈441〉（H2：801）
    （3）己未貞：其□祭自祖乙〔歲〕至父丁？
    （4）己未貞：又彡伐自上甲？
3. 〈866〉（H24：17）
    （4）癸午貞：告妻，其步祖乙？
    （6）甲午貞：于父丁告妻，其步？
    （7）弜告妻，其步？
按：本版的「王」字作 ，「図」字作 ，「午」字作 。
4. 〈936〉（H24：156）
    （4）甲申貞：王其米以祖乙眔父丁？
按：本版的「王」字作 ，「庚」字作 。
5. 〈1050〉（H24：329＋H37：1）
    （4）辛巳貞：其剛于祖乙帝？
    （5）弜剛？
    （6）□□貞：□彡歲□乙：牢□羽日？
    （7）□子貞：□彡□于父丁：大牢，丁丑？茲用。
按：本版的「其」字，兼作 、 一早一晚出的過渡字形，「子」字作 。

6.〈1059〉（H24：361）

　　（2）乙丑貞：王其奠𦥑侯，商于父丁？（三）

　　（6）乙亥貞：王其夕令𦥑侯，商于祖乙門？（三）

　　（7）于父丁門令𦥑侯商？

　　（10）壬辰卜：其寧疾于四方：三羌又九犬？（三）

按：本版的「王」字作🔥，「其」字作🔥，是早出的字，而「羌」字作🔥，「方」字作🔥，「禦」字作🔥，又是晚出的字形。

7.〈1089〉（H24：387）

　　（2）庚午貞：餗于〔祖〕乙：口牛？（一）

　　（3）餗其二牛？（一）

　　（6）甲戌貞：其告于父丁，餗一牛？茲用。（一）

　　（7）三牛？（一）

按：本版的「其」字作🔥，屬早出字形，而「牛」字連筆作🔥，「庚」字作🔥，都是晚出的字例。

8.〈1128〉（H24：427）

　　（1）己巳貞：其禍祖乙眔父丁？（一）

　　（2）弜眔父丁，則？（一）

按：本版的「其」字作🔥，「戈」字省作🔥。

　　以上八版可供「歷卜辭」系聯的「父丁」用例，細審其中的「王」、「其」字形，是早出的字，特別是「王」字形一般始見於第一期卜辭，延續於第二至四期。而「羌」、「午」、「方」、「庚」、「其」諸字，又明確屬晚出的字例，特別是「羌」字的寫法一般多見於第三、四期。再配合前辭只見「干支貞」，而絕不一見具有貞人名，明顯不是第一期卜辭的習慣用法。

　　同時值得注意的，八版內容都恰好祭祀「祖乙」和「父丁」，且多作二先王同辭並祭，可知二王之間關係密切，和問卜者的關係復親近非比尋常。觀察商王的世系表，「父丁」所指不外乎武丁或康丁二人。如設定為前者，「祖乙」自然是武丁的親父「小乙」；如設定為後者，「祖乙」可以理解為康丁之前六代祖的「中宗祖乙」。但由上述八版中「祖乙」「父丁」相互緊接排列的辭例，和「王」字普遍的書寫作早出的🔥形看，「父丁」視作「武丁」的成份較高，刻寫的時間以定在第二期的祖庚、祖甲卜辭為宜。嚴格而言，應是祖甲時所卜。〈68〉版的「祖丁」，順理就是小乙的親父「祖丁」。如此，這八版卜骨卜問祭祀的殷王祖先名，是「祖丁」、「小乙」、「武丁」三代的直系大宗。由此可以推知，在 H2 和 H24 同坑「歷卜辭」的上限約可上及第二期卜辭。

五

　　《屯南》「歷卜辭」同坑堆疊可供系聯的詞彙，習見一「羍禾」用例。「羍」，讀祓，持農作以祭，以求豐收。如：

1.〈93〉（H2：122）

　　（1）乙巳貞：其羍禾于伊，俎？

　　（2）壬子貞：其羍禾于河，燎三小宰，沈三？

按：本版的「其」作𝕍，「俎」字省作𝕌。相鄰堆疊的〈95〉（H22：124）有「王」字作𝕎，「叀」字作𝕩、𝕪，都是較晚出字例，又見「王賓父己」、「王其又于父甲」用例，和接近非王卜辭字形的「羊」字作𝕫、「宰」字作𝕬。其中的「父己」，在王卜辭中應即武丁之子「祖己」（文獻言「孝己」），早死；「父甲」，即祖己之弟「祖甲」。本版因稱謂可定為第三期廩辛、康丁的卜辭。對應〈2742〉（1）的「丁亥卜：其祝父己、父庚：一牛？」中的祖己、祖庚兄弟並列祭祀，可以互參。

2.〈890〉（H24：80）

　　（1）羍禾于河，燎三□，沈三牛？

　　（2）癸未貞：甲申酚出入日，歲三牛？茲用。

　　（3）癸未貞：其卯出入日，歲三牛？茲用。

　　（4）出入日歲，卯□？不用。

按：本版的「其」字作𝕍，是較早出的字形，而「不」字作𝕏，「牛」字作𝕐，「未」字作𝕑，則是較晚出的字。

3.〈911〉（H24：106）

　　（2）己卯貞：羍禾于示壬：三宰？

按：本版的「貞」字作𝕙，「牢」字作𝕛，都屬較晚出字形。但背面的〈910〉（H24：106）有「王子馘〔示〕。」一句，見武丁時期的貞人名馘。然而，武丁卜辭的前辭一般都有貞人。原釋文認為「是晚期利用了早期的卜骨」的現象。理論上早期經由進貢整理的甲骨，延至後期才採用來貞卜，亦有一定的道理。

4.〈914〉（H24：118）

　　（1）弜羍禾？

　　（3）河燎牢，沈？

　　（4）〔岳〕燎小宰，〔卯〕牛一？

按：本版的「牛」字作𝕐，「牢」字作𝕛，都是較晚出的寫法。

5.〈916〉（H24：114）

（2）辛未貞：燊禾于高眔河？

按：本版的「未」字作☩，「高」是先王「高祖」或「高祖某」之省。

6.〈943〉（H24：168）

（2）辛卯貞：其燊禾于河，燎二牢，沈牛二？

按：本版的「其」字作☒，「牛」字作☩。

7.〈1102〉（H24：402）

（4）□□貞：其燊禾于高祖，燎叀勿牛？

按：本版的「其」字作☒，「牛」字作☩，是早出字形，而「叀」字作☀，「自」字作☀，又見是晚出的字形。

8.〈1110〉（H24：409）

（1）庚戌貞：其燊禾于示壬？（三）

（2）庚戌貞：其燊禾于上甲？（三）

（3）甲寅貞：伊歲，冓匚于日？（三）

（7）癸酉貞：受禾？

按：本版的「其」字作☒，「庚」字作☀。

9.〈1509〉（H24：870）

（2）丁酉貞：〔燊〕禾于岳，□五牢？

10.〈3041〉（M13：150）

己亥貞：燊禾于河，受禾？

11.〈3083〉（M13：205）

（1）□□貞：其燊禾于示壬：羊，雨？

（4）貞：其燊禾于夒□？

（5）壬寅貞：其燊禾于岳，燎三小牢，卯□？

按：本版的「其」字作☒。

以上多版「燊禾」例，理論上是在同一段時間使用的習用語，諸版前辭都固定作「干支貞」。復由此詞可再系聯出如「酚出入日」、「伊歲」、「受禾」等其他特定用詞。由諸版的字形，大致掌握是由早出過渡至晚出字形的一個階段，但都未能尋覓出一個絕對的時間點。唯獨以下一條「燊禾」用辭，可以整理出一較明確的刻寫時間：

〈827〉（H23：268）

（2）甲辰貞：今日燊禾自上甲十示又三？

按：本版的「自」字作☀，「貞」字作☒，都是較早出的字形。命辭的「自上甲十示又三」，是指常態的先王順序：上甲和大乙、大丁、大甲、大庚、大戊、仲丁、

祖乙、祖辛、祖丁、小乙、武丁、祖甲，共十三個直系大宗。因此，這版卜骨刻寫的時間，應是第三期廩辛、康丁卜辭。

綜上所述，由「奉禾」用例相對應的「歷卜辭」，似可理解應是在第三期廩辛、康丁時前後所卜。

六

《屯南》「歷卜辭」出土的 H2、H24 和 M13 三坑，都看到外族「召方」的用例。因此，相關「召方」甲骨的系聯，能夠幫助了解「歷卜辭」相約時間的殷人活動。例：

1. 〈38〉（H2：20）

　　丙子貞：令從卿召方卒？

按：本版的「子」字作𐀤，「从」字作𐀤，「方」字作𐀤，都是較早出的字。

2. 〈81〉（H2：98）

　　（1）丁卯貞：王從沚□伐召方，受□？在祖乙宗卜。五月。茲見。

　　（3）辛未貞：王從沚或伐召方▢。

　　（4）丁丑貞：王從沚或伐〔召〕▢。

按：本版的「王」字作𐀤，而「从」字調整作𐀤，「貞」字平頂作𐀤，「方」字上增橫筆作𐀤，字形明顯比上一版稍晚。

3. 〈190〉（M2：342）

　　（1）丙子卜：今日祟召方卒？（一）

　　（4）庚辰卜：令王族从𐀤？（一）

　　（5）弜追召方？

按：本版的「王」字作𐀤，「方」字作𐀤，「庚」字作𐀤，是較早出的字，而「从」字作𐀤，「不」字作𐀤，卻又是較晚出字形。

4. 〈267〉（H2：507）

　　（3）甲辰□：召方來□隹□？

按：本版的「方」字作𐀤，「來」字作𐀤。

5. 〈1049〉（H24：327）

　　（4）癸丑貞：召□立隹戲于酉？

　　（5）▢召方立隹戲▢？

按：本版的「王」字作𐀤，「方」字作𐀤。

6. 〈1074〉（H24：353）

　　（2）戊辰貞：䗊一牛于大甲，珏師？

（3）戊辰貞：自□衞〔召〕方？不用。

按：本版的「王」字作♁，「自」字作𠂤，「貞」字作鼎，「牛」字作半，「方」
字作𠂤。

7.〈1099〉（H24：398）

（1）庚申貞：于丙寅敦召方，受又？在□□。

（6）壬戌貞：𠦪以眾𣲎伐召方，受又？

（8）己卯貞：庚辰桒于父丁：三牛？兹用。

按：本版的「𠦪」字作𠦪，「庚」字誤書作𣲎，「方」字作𠂤。「𠦪」是第一期卜
辭的將領名。「方」的字形卻是晚出。

8.〈1116〉（H24：416）

（10）甲午卜，貞：其𤏳，又歲自上甲？

（12）甲午卜，貞：又出入日？

（13）弜又出入日？

（14）乙未卜，貞：召來，于大乙征？

（15）乙未卜，貞：召方來，于父丁征？

（16）己亥卜，貞：竹來以召方，于大乙𤔲？

按：本版的「自」字作𠂤，「方」字作𠂤，是較早出字形，而「未」字作屮，
「午」字作丨，「牛」字作半，「牢」字作𡆥，又是較晚出的字。「竹」字作∧∧，
用為附庸名。

9.〈3340〉（M13：524）

戊午□及〔召〕方□？

按：本版的「午」字作丨，「方」字作𠂤，都是較早出的字。

細審「召方」一詞，作為殷西的方國名，明確見於「歷卜辭」：

〈合集32815〉　己亥𤔲貞：三族王其令追召方，及于𠂤？

句例和下辭「干支貞」的內容相同：

〈合集33017〉　己亥貞：令王族追召方，及于☒？

「召方」和方國「絑」見於同辭：

〈合集33019〉　癸巳□于一月伐𦯧（絑）罜𢀛方，受又（佑）？

而「絑」又和武丁時候的西北外族𢀛方同辭，復見於第一期貞人「賓」卜問的內
容：

〈合集8598〉　𢀛□其氏（以）𦯧（絑）方？

〈合集6〉　　癸巳卜，賓貞：令眾人𦎫入𦯧（絑）方□墾田？

「召方」又和殷附庸「竹」見於同辭，如上引〈1116〉，和〈4317〉（T44

（3）：2）：「□□卜，貞，竹來以召〔方〕☒〔粦〕于大乙？」，而「竹」字復並見於第一、二期卜辭和非王卜辭中：

〈合集 1108〉　　　辛卯卜，散貞：唯冕呼竹改𝌆？

〈合集 4747〉　　　辛☒，爭貞：☒竹歸？

〈合集 23805〉　　丙寅卜，吳貞：卜竹曰：其屮于丁：宰？

〈合集 20230〉　　壬申卜：扶貞：令竹☒官？十月。

　　綜上所述，「召方」是活躍在第一、二期卜辭中的殷西方國，相關卜辭中的「父丁」，自可理解為對殷王武丁的稱謂。對比上述《屯南》九版「召方」卜骨的字形上下限，主要應是第二期祖庚、祖甲的卜辭。這也可系聯出同坑「歷卜辭」的上限時間，大致是在第二期卜辭。

七

　　本文透過同坑文例互驗的方法，系聯和「歷卜辭」相關出現的「羌」、「父丁」、「奉禾」、「召方」諸詞例，從而核實《屯南》「歷卜辭」的時間上下限。其中的祭牲「羌」字字形和用例，集中在第三、四期卜辭，「父丁」的稱謂，主要是在第二期卜辭，「奉禾」一詞用法，多見於第三期卜辭前後，而「召方」的互動，基本下限可定在第二期卜辭。因此，統言《屯南》的「歷卜辭」，是在五期斷代中的第二、三、四期之間所卜，應屬一合理的推斷。「歷卜辭」的上限不及第一期卜辭，下限應不至於第五期卜辭，而集中在第三、四期康丁、武乙兩代之間。學界有將「歷卜辭」提前作為第一期卜辭的說法，恐怕是有待商榷的。

　　又，文中對於字形流變的排比觀察，發現大量文字早出、晚出的字例可出現於同一版甲骨。字形的早晚出，無疑是一複雜的課題，無法簡單齊一的劃分區隔清楚。每一字形所謂早出、晚出的時間並不一致。某字演變為晚出的字形時，可能在他字仍然維持在早出的字形時間。因此，字形流變只能提供文字縱線前後的對比觀察，不能用作絕對的斷代分期或分組類的標準。若干文字字形始終固定，無法用作斷代分組類的字例。若干字形書寫的時間又拉得很長，如「其」字作☒，可以由第一期卜辭一直延伸書寫至第四期卜辭，字形都沒有改變，自然也不容易用為分期分類的字例。因此，由字形探討相對的甲骨時間，只能依據特殊、罕見和前後寫法差異明顯的字例看，但亦僅能提供備參的佐證。卜辭的斷代準測，仍需落實在大量關鍵文例用法互較的判斷上。

附二：由「稱謂」尋覓《小屯南地甲骨》提供斷代的定點卜骨

　　1973 年出土，至 1980 年出版的《小屯南地甲骨》（簡稱《屯南》），共收錄小屯村南兩次考古發掘的卜骨 4589 號。拓片圖版依據灰坑（H）、房基址（F）、墓葬（M）、探方（T）為序排列。原書釋文〈前言〉就地層和陶器共存關係，區分為早、中、晚三期。其中的早期𠂤組卜辭、午組卜辭和賓組卜辭，大致相當於殷王武丁前後，中期大致相當於康丁、武乙、文丁時代，晚期大致已進入帝乙時代。然而，這種分類結果卻遭受學界的質疑，加上拓片本身模糊不清，難以判斷，遂影響對《屯南》中「歷卜辭」時期的判定。同時，《屯南》中如不存在祖庚、祖甲、廩辛的卜辭，也是讓人不解的現象。如何科學的重新全面檢驗《屯南》甲骨的正確刻寫時間，應是一值得深思的課題。

　　本文嘗試由卜辭中的稱謂語來觀察《屯南》甲骨的合理時間，並歸納一批可供明確斷代分期的卜骨。「稱謂」本身自有一定的限制，卜骨中如只出現單一個稱謂語，實不足以推引出必然的判斷。如「父丁」一詞，可以視作對「武丁」、「康丁」、「文丁」的稱呼。因此，除個別可以作為絕對判斷的稱謂語外，同版中必須掌握有兩個以上的「稱謂」，交錯對比，才足以用為斷代定點的依據。這裡以「稱謂」為主線，復再配合字形、文例、同坑堆疊的他骨內容為佐證，整理出《屯南》五期斷代的 39 版定點卜骨如下。

一、第一期武丁時所卜。

1.〈2663〉（H92：9）

（1）貞：羽□亥雨？（一）

（2）不其雨？

（3）□□卜，𠂤□：羽癸□雨？

按：原釋文：「𠂤，貞人名。陳夢家定在武丁時代，其說可從。」，對比〈合集 4678〉：「辛酉卜，亘貞：生十月𠂤不其至？」、〈合集 9409〉：「丁亥乞自雩十屯。𠂤示。叔。」等例，「𠂤」字理解作第一期卜辭的人名、族名，是正確的。但細審〈663〉（H17：138）版：

（2）乙酉卜，在箕：丙戌王阱，弗正？

（3）乙酉卜，在箕：丁亥王阱？允毕三百又卌八。

（6）☑骨三。𠂤。

和〈合集 35166〉的「己巳癸乞𠂤骨三。」一類記事刻辭，其中的「干支卜，在某

地（貞）」、詢問句「弗正（禎）」的用例，和人名「⿰」，都習慣的見於晚期卜辭。除非〈663〉版（6）辭理解為殷武丁時的貢骨簽署，至第四、五期時才提供卜辭使用，二者方能見於同版，不然，供系聯的「旬」字又自可視作晚期卜辭的族名。目前考量〈2663〉版中的字形，「不」字作⿰、「羽（翌）」字獨體作⿰、「其」字作⿰，都屬該字的早出字例（「早出」不全等於「早期」），故仍暫定此版是屬於第一期武丁的卜辭，以供備參。

2. 〈4177〉（T31（3）：80）

　　（1）丙辰□，⿰貞。（一）

按：原釋文：「陳夢家定為「午組卜辭」。⿰作為人名，曾出現於武丁時期的卜辭中。」，對比〈合集 13490〉：「丙辰卜，爭貞：更⿰令从⿰⿰？」，「⿰」確曾用為第一期卜辭殷人名，字或即「齊」字之省，在〈4177〉首見用作貞人名。〈4177〉版的「丙」字作⿰，「貞」字作⿰，字形和王卜辭常態的寫法不同。

二、第二期祖庚、祖甲時所卜。

1. 〈1011〉（H24：280）

　　（1）己丑卜：妣庚歲：二牢？

　　（2）三牢？

　　（3）己丑卜：兄庚⿰歲：牢？

　　（4）三牢？

　　（5）壬辰卜：母壬歲，更小牢？

按：（1）（2）、（3）（4）辭分別為選貞關係。（1）、（3）、（5）辭祭祀的先公妣名前移句首。「兄庚」，可理解是祖甲對其兄長祖庚的稱呼，相對的「妣庚」，是小乙的配偶，祖甲的祖母。「母壬」新見，對應應是武丁的配偶名。本版可定為第二期祖甲卜辭。版中字形，「庚」字作⿰，「更」字作⿰、「歲」字作⿰，都屬稍晚出字形，而「牢」字作⿰、「卜」字作⿰，寫法獨特，和武丁時期非王卜辭相近。原釋文將此版定為康丁卜辭。但康丁時的王卜辭不應有祭「兄庚」一名，相對的武丁配偶也沒有「妣庚」。第三期卜辭的「庚」字的寫法又多增橫筆作⿰，和本版並不相同。因此，目前暫定本版屬第二期卜辭。

2. 〈1089〉（H24：387）

　　（2）庚午貞：餗于〔祖〕乙：□牛？

　　（3）餗其二牛？

　　（6）甲戌貞：其告于父丁，餗一牛？茲用。

　　（7）三牛？

　　（9）乙亥貞：其眾生妣庚？

　　（10）丁丑貞：其眾生于高妣丙、大乙？

按：（2）（3）、（6）（7）辭分別為選貞關係。「祖乙」、「父丁」的順序緊接在相同的餗祭，可理解為「小乙」、「武丁」相承的二世。「妣庚」是「小乙」的配偶名，「高妣丙」是「大乙」（成湯）的配偶。問卜的時間，應在第二期祖庚、祖甲一段。〈1089〉版字形，「其」字作𝕏，「牛」字作𝕐，「庚」字作𝕄，後二字字形明顯已離開武丁卜辭的常態寫法。「酓」字兼作𝕐、𝕐二形。原釋文將本版定為武乙卜辭；備參。

3.〈2342〉（H57：111）

　　□丑貞：王令𝕏尹□取祖乙：魚、伐，告于父丁、小乙、祖丁、羌甲、祖辛？

按：本版卜辭見同辭分祭，首先是「取」祭於遠祖「祖乙」一人，即「中宗祖乙」，接著的「告」祭是由近而遠一代一代的祭祀。「祖辛」是「祖乙」之子，「羌甲」是「祖辛」之弟，「祖丁」是「祖辛」之子，「小乙」又是「祖丁」之子。如此緊接的排列，最近的「父丁」按常理應是「小乙」之子「武丁」。因此，本版可定為第二期祖庚、祖甲卜辭。本版的字形，「貞」字作𝕏、「王」字作𝕐，都是早出字例，而「羌」字作𝕏、「告」字作𝕐，卻又是較晚出的字形。原釋文定為武乙卜辭，但在第四期卜辭的「王」字，一般應已增橫筆作𝕐，和本版不同；備參。

4.〈3673〉（T2（3）：48）

　　（1）癸丑貞：多宁其征，又𝕐歲于父丁：牢又一牛？

　　（2）其三牛？

　　（3）癸丑貞：王又歲于祖乙？

　　（4）于父丁又歲？

按：（1）（2）、（3）（4）分別是在同一天的兩組選貞關係，前組卜問歲祭父丁的牲數，後組卜問歲祭的先王是「祖乙」抑「父丁」。「祖乙」和「父丁」同辭相接，可推為「小乙」和「武丁」父子二世。因此，本版可定為第二期祖庚、祖甲卜辭。本版的字形，「貞」字作𝕏，「其」字作𝕏，都是較早出字例，而「牛」字見𝕐、𝕐形兼用，是一過渡時期的用法。原釋文定為「武乙卜辭」；備參。

5.〈4015〉（T23（2A）：5）

　　（2）弜告？

　　（3）自祖乙告祖丁、小乙、父丁？

按：（3）辭先「告」祭遠祖「祖乙」，再順祭「祖乙」之孫「祖丁」，和「祖

丁」之子「小乙」。「小乙」之後緊接的「父丁」，自可理解為「小乙」之子「武丁」。因此，本版可定為第二期祖庚、祖甲卜辭。本版的字形，「自」字作☖，「告」字作☖，是較早出的字例。原釋文定為「武乙卜辭」；備參。

三、第三期廩辛、康丁時所卜。

1.〈73〉（H2：82）

　　（1）其又父己于來日，王受□？

　　（2）叀叒。

按：（1）辭的「又」，讀侑，祭祀動詞。詢問句可補作「王受又（佑）」。「父己」，即《史記》〈殷本紀〉的祖己：「帝武丁崩，子帝祖庚立。祖己嘉武丁之以祥雉為德，立其廟為高宗，遂作高宗肜日及訓。」。祖己訓誡時王之辭，參見《尚書》〈高宗肜日〉。祖己，或為武丁之子，有稱「孝己」，其人能「訓王」之過失，復有權立先王武丁之祭廟，必為王屬血親無疑。《史記集解》引孔安國曰：「祖己，賢臣名。」；備參。王卜辭世系的記錄，除了「祖己」可與「父己」相對言外，並無他人。因此，本版當定為第三期廩辛、康丁卜辭。〈73〉版字形，「王」字增作☖，而同坑堆疊四周的〈79〉（H2：97）、〈69〉（H2：66）的「王」字字形亦同。原釋文亦判屬康丁卜辭。

2.〈95〉（H2：124）

　　（2）己卯卜：王賓父己，歲叒，王受又？

　　（5）王其又于父甲，公兄壬，叀黹，王受又？

按：「父己」，即武丁之子「祖己」，短命早逝。同版「父甲」，即「祖甲」。本版定為第三期廩辛、康丁卜辭。本版字形，「王」字作☖，「叀」字作☖、☖，「受」字作☖，和晚出字形接近。「羊」字作☖，增短橫，和非王卜辭寫法相同。原釋文定為康丁卜辭。

3.〈210〉（H2：390＋565）

　　（1）牢□一牛，王受又？

　　（2）禱☖，征父己、父庚，王受又？

　　（3）弜征于之，若？

按：（2）辭的「父己」、「父庚」同辭相承，應即「祖己」、「祖庚」二兄弟。本版定為第三期廩辛、康丁卜辭。其中的「禱」字為昪的增繁。「王」字作☖，「庚」字作☖，「牛」字作☖，「受」字作☖，都屬較晚出字例。原釋文定為康丁卜辭。

4.〈594〉（H17：33）

□午卜：羽日父甲祒競祖丁冊，王受又？大吉。茲用。

按：「祖丁」和「父甲」同辭共祭，對應殷先王世系，可理解為「武丁」和「祖甲」二世。本版定為第三期卜辭，配合前辭的「干支卜」和命辭詢問的「王受又（佑）」句，都是晚期卜辭的習見用例。本版的字形，「王」作，「午」作，「受」作，也是晚出字例。原釋文定為康丁卜辭。

5.〈610〉（H17：58）

（1）戊午卜：其餗妣辛：牢？吉。

（2）二牢？

（3）三牢？

（5）于父己祝至？

（6）父庚召牢？

（7）牢又一牛？

按：「父己」、「父庚」，見於同版的前後辭，應是指「祖己」和「祖庚」兄弟。「妣辛」，是武丁的配偶。本版由稱謂可明定為第三期卜辭無疑。本版的「其」字作，「午」字作，「牛」字作，「牢」字作，「庚」字作，「又」字作，都是較晚出字例。原釋文定為康丁卜辭。

6.〈657〉（H17：126）

（1）甲寅卜：其彝鬯于祖乙、小乙眔？大吉。

（2）弜眔？

（3）祖乙，卯牢？吉。

（4）牢又一牛？

（5）二牢？大吉。

（6）□牢？

（7）小乙其眔：一牛？

（8）庚午卜：兄辛鬯，祉于宗？茲用。

按：（1）（2）辭正反對貞。（3）至（6）辭，或為選貞關係。（1）辭甲寅日占卜，卜問次日乙卯日獻鬯並祭於祖乙和小乙的吉否。（8）辭庚午日占卜，也是卜問次日辛未日獻鬯於兄辛的吉否。「祖乙」，是「中宗祖乙」。「兄辛」，王卜辭在「小乙」之後而稱「兄辛」的唯一選項，只有「康丁」對其兄長「廩辛」的稱呼可相對應。因此，本版是第三期康丁時所卜，應是鐵證。本版的字形，「其」字作，「午」字作，「叀」字作，「牢」字作，都是較晚出字例。「牛」字兼作、二形，在這裡宜是一過渡期的寫法。原釋文也定為康丁卜辭。

7.〈748〉（H23：97）

（1）叙嫠。

（2）父己，卯牢，王受又？

（3）二牢，王受又？

（4）三牢，王受又？

按：（2）至（4）辭為選貞。「父己」，是對「祖己」的稱呼。本版屬於第三期卜辭。對比同版的「叙嫠」和「王受又（佑）」用例，都是晚期卜辭的習用語。而「王」字作𤊾，「受」字作𤔲，亦是較晚出的字例。「牢」字作𡆥，則和非王卜辭相同。原釋文定為康丁卜辭。

8.〈763〉（H23：122）

（1）□□卜：小乙卯，叀幽牛，王受又？吉。

（2）大吉。

（3）吉。

（4）吉。

（5）丁巳卜：祖丁□，不冓雨？吉。兹用。不雨。

按：（1）至（4）辭在卜骨左側下，由下而上分段刻寫。（5）辭在卜骨右上側向內刻寫。按《屯南》卜骨刻寫習慣，由下而上，由左而右，見（1）辭卜問當先於（5）辭。因此，祭「祖丁」依序只能是在「小乙」之後的殷先王，可理解為「武丁」。本版定為第三期卜辭。本版的字形，「王」字作𤊾，「叀」字作𤔲，「牛」字作𤝕，「不」字作𣎴，「受」字作𤔲，都屬較晚出的字例。原釋文定為康丁卜辭。

9.〈957〉（H24：196）

（1）父己、中己、父庚□？

（2）☑日酻☑？

按：「父己」，可判定為「祖己」，其後的「父庚」，應是「祖己」之弟「祖庚」。本版定為第三期卜辭。本版的字形，「庚」字作𤓪，「酻」字作𤔲，「父」字作𤔲，都是較晚出的字。原釋文定為康丁卜辭。

10.〈1055〉（H24：337）

（1）丁丑卜：餗，其酻于父甲，又虔，叀祖丁用，☑？

（2）叀父庚虔用，隹父甲正？王受又？

（3）庚子卜：其餗〔妣辛〕☑？

按：卜骨由下而上讀。（1）（2）辭為選貞關係。本版主要是祭祀「父甲」，（1）辭命辭卜言先行餗（饗）的祭獻，再將進行大祭的酒祭，祭拜的對象是父甲。「又虔」，「又」讀有，「虔」有持續、更替意，指接著的是用牲祭祀祖丁。

（2）辭的「叀父庚廌用」句，是「又廌，叀父庚用」的併合，這和（1）辭的「又廌，叀祖丁用」屬對句，具選擇性對貞的功能，卜問接著用牲祭拜的是祖丁抑或是父庚。（2）辭的後二句為詢問句，「正」，讀禎，有吉祥意。「王受又」，即「王受佑」。連續卜問父甲降禎祥否？時王能受保佑否？

本版是時王祭祀先王求降佑，主要祈求的是親父「父甲」，再往上追溯祭拜「父庚」或「祖丁」。「父甲」在這裡是最接近時王的一位先王，本版可理解為第三期卜辭，上接直系父親的「祖甲」和伯父的「祖庚」。再往上接的「祖丁」，自然可以視同為祖父的「武丁」，而（3）辭的「妣辛」，是武丁的配偶。原釋文定為康丁時所卜。

本版不能理解為武丁卜辭，原因是：（1）本版沒有祭拜最直接的親父「小乙」。（2）本版主要問卜的「父甲」，如理解為武丁的父輩「陽甲」，可是「陽甲」並非「武丁」的直系先王。（3）如將「父庚」理解為「盤庚」，「盤庚」是陽甲之弟，而「祖丁」則是「盤庚」之父。如此的祭祀流程，不合乎（1）（2）辭選貞由下而上的順序關係。（4）本版的前辭作「干支卜」、（2）辭句末卜問「正？王受又？」，常態屬晚期用例，而罕見於武丁卜辭。（5）本版的字形，「其」字作🜨，「王」字作王，「庚」字兼作𩰤、𩰤、𩰤，「叀」字作𦍋，「酚」字上二直豎筆作倒尖形書寫，都是晚出的字例，理論上不見用於武丁卜辭。

11. 〈1442〉（H24：789）

（1）妣癸于入自夕□酚？

（2）☑〔酚〕妣辛，桒☑又？

按：「妣癸」、「妣辛」同版，核對商王世系，二妣名並出的只見於「武丁」配偶名中。因此，本版可定為第三期廩辛、康丁卜辭。原釋文作康丁卜辭。

12. 〈1443〉（H24：790）

（1）父己歲，叀莫酚，王受又？

（2）于夕酚，王受又？

按：（1）（2）辭屬選貞。「莫」，讀暮。「父己」，當即「祖己」，是「祖庚」、「祖甲」之兄。本版可定為第三期卜辭。原釋文作康丁卜辭。

13. 〈2294〉（H57：53）

（1）□〔亥〕卜：父甲□歲，即祖丁歲祔？

（2）弜即祖丁歲祔？

按：「祔」，即冊字的繁體。「祖丁」、「父甲」在同辭順次祭拜，可理解為「武丁」、「祖甲」。本版是第三期卜辭。原釋文定為康丁卜辭。

14. 〈2406〉（H57：249）

（1）丁未卜：其燊年，王受又？吉。

（2）叙燮。吉。

（3）其燊年，叀祖丁褓用，王受又？大吉。

（4）叀父甲褓用，王受又？吉。

按：（3）（4）辭是選貞。「褓」，即冊字繁體。「祖丁」、「父甲」的順序冊祭，可理解為對「武丁」和「祖甲」的稱呼。本版是第三期卜辭。本版的字形，「王」字作王，「未」字作￥，「受」字作￥，亦屬晚出字例，但「其」字仍保留稍早的𝇈形。原釋文定為康丁卜辭。

16.〈2483〉（H57：53＋54）

（1）王其又〔父〕己，叀□各日酚，王受又？

（4）王其又￥父己：牢，王受又？

（5）牢又一牛，王受又？大吉。

按：（4）（5）二辭為選貞關係。「父己」，即殷先王「祖己」，是「祖庚」、「祖甲」之兄。本版可推為第三期卜辭。本版的字形，「王」字作王，「牛」字作￥，「叀」字作￥，「受」字作￥，「酚」字從二豎作倒尖形，都是晚出字例。原釋文定為康丁卜辭。

16.〈2538〉（H75：19）

（1）其用茲☒祖丁褓羌〔白〕，其眾？

（2）弜用？

（3）其用白在妣辛升至母戊？

按：（1）（2）辭為正反對貞。「祖丁」，是「武丁」。「妣辛」，是「武丁」的配偶名，而「母戊」則是「武丁」之子「祖甲」的配偶。三者都符合殷王世系表所列，可推知本版是第三期卜辭。本版的「羌」字作￥，是晚期卜辭字例，而「其」字仍維持早期的𝇈形。原釋文定為康丁卜辭。

17.〈2557〉（H80：12）

（2）屰自父甲酚？

（3）先祖丁酚，于□又正？大〔吉〕。

按：「祖丁」，即「武丁」。「父甲」，即「祖甲」。本版可定為第三期卜辭。本版的「自」字作￥，「酚」字從酉二豎筆作倒尖形，都是較晚出的寫法。詢問的「又正」，也是較晚的句例。原釋文定為康丁卜辭。

18.〈2538〉（H99：3）

（1）甲午卜：父甲屄黍，其□毀？

（2）弜毀？

（3）癸巳卜：父甲杏牢？

（4）丙子卜：其舁〔黍〕☐？

按：本版主要是獻黍祭父甲的卜辭。由前辭的「干支卜」，字形的「午」字作┦，「庚」字作兩，「子」字作岗，「牢」字从牛作半，都是偏晚出的字例，不可能上溯至武丁時期；而卜辭中「其」字作☒，又並非第五期卜辭的字形。因此，「父甲」在王卜辭中必須定位在對「祖甲」的稱呼。本版是第三期卜辭。原釋文定為康丁卜辭。

19.〈2742〉（H103：84）

（1）丁亥卜：其祝父己、父庚：一牛，☐？

（2）〔二〕牛？

（3）于祖丁凧？

按：（1）（2）辭為選貞關係。（1）辭祝祭的順序，是「父己」和「父庚」，只能理解為「武丁」之子「祖己」（孝己）和「祖庚」。（3）辭的「祖丁」，自是「祖己」、「祖庚」之父「武丁」。本版可推為第三期廩辛、康丁卜辭。本版的字形，「庚」字作兩，「牛」字作半，「叀」字作┋，「父」字作┃，都是較晚出字例。但「其」字作☒，保留較早的字形。字形應不會出現在第一期，也不會落在第五期的卜辭。原釋文定為康丁時所卜。

20.〈2996〉（M13：102）

辛卯卜：叀今日其夕又歲兄辛，王受〔又〕？大吉。

按：「兄辛」，即「廩辛」。本版無疑是第三期的康丁卜辭。對比「干支卜」、「王受佑」等句例，是中晚期卜辭的用法。本版的字形，「王」字作王，「叀」字作┋，「又」字作┦，「歲」字作┟，也都是偏晚出的字例，而「其」字作☒，仍保留早出的字形。原釋文定為康丁時期。

21.〈3002〉（M13：109）

丁卯卜：其召父庚，叀☐牢，王受又？

按：同坑相鄰疊堆的〈2996〉，見祭拜的「兄辛」為「廩辛」，這裡的「父庚」即「祖庚」。本版同屬第三期康丁卜辭。對比「干支卜」、「王受佑」用例，和〈2996〉卜辭相同，而本版字形，「王」字作王，「叀」字作┋，「受」字作┃，「又」字作┦，「庚」字作兩，都是較晚出的字形，而「其」字作☒，仍保存早出寫法。原釋文定為康丁時卜。

22.〈3563〉（M16：35）

父己〔歲〕，叀羊？

按：首句即「歲父己」的移位，用法常見於中晚期卜辭。「父己」，即殷先王「祖

己」。本版是第三期卜辭。本版的「歲」字作﹝干，「更」字作✦，都是較晚出字
形。原釋文定為康丁卜辭。

23.〈3969〉（T22（2）：16）

　　□己父□更□自□戠□改？

按：「己父」，即「父己」的倒文，相當是對「祖己」的稱呼。本版是第三期卜
辭。本版的字形，「更」字作✦，「自」字作✦，都屬較晚出的字。原釋文定為康
丁時所卜。

24.〈4396〉（T52（2）：54）

　　（1）敘□。

　　（2）其用，在父甲，王受又？

　　（3）至于祖丁，王受又？吉。

按：「祖丁」、「父甲」同版相承祭祀，當即「武丁」和「祖甲」。本版可定為第
三期卜辭。本版的「王」字作王，屬晚出的字形，而「敘燮」一兆語用法和「王受
佑」的詢問句，亦屬中晚期習用。另「其」字作✦，仍保留早出的字例。原釋文
定為康丁時期。

25.〈4572〉（T55（5）：13反）

　　（1）丁巳卜：祖丁召□？

　　（2）父甲〔饟〕□？

按：二辭祭祀祖名都前移句首，習見於中晚期卜辭。「祖丁」、「父甲」相接祭
祀，應是指「武丁」和「祖甲」。本版定為第三期廩辛、康丁卜辭。本版的「更」
字作✦，是較晚出的字形。原釋文定為康丁時所卜。

四、第四期武乙、文丁時所卜。

1.〈751〉（H23：104）

　　（1）壬午卜：✦又伐父乙？

　　（2）乙酉卜：又伐自上甲次示？

　　（9）戊戌卜：又十牢，伐五，大乙？

　　（12）己亥卜：又十牢，祖乙？

按：本版祭祀先王名都移置句末，用例並不見於早期卜辭。同版分祭「上甲」、
「大乙」、「祖乙」和「父乙」，由於本版字形，如「午」字作✦，「未」字作
✦，「酉」字作✦、✦，「更」字作✦，「牢」字作✦，「父」字作✦，「先」
字作✦，大量都屬晚出字例，加上前辭「干支卜」的用法，「侑」祭寫作「又」，
「大乙」多見用為晚期卜辭對於「成湯」的稱呼等，故本版不可能是第一期武丁卜

辭，也缺乏證據下至第五期卜辭。因此，「父乙」一名只能是指「武乙」，本版是第四期文丁卜辭無疑。原釋文也定為文丁時所卜。

2.〈3720〉（T2（3）：104）

　　父辛？

按：「父辛」，即「廩辛」。本版定為第四期武乙卜辭。本版的「辛」字作 ，和一般第一期卜辭作 寫法不同。原釋文亦定為武乙所卜。

3.〈3728〉（T2（3）：112）

　　（2）〔辛〕亥□：▨父辛？

按：「父辛」，即「廩辛」。本版定為第四期武乙卜辭，和同坑前後堆疊的〈3720〉版同。本版的「辛」字作 ，屬於晚出字形。原釋文定為武乙時所卜。

4.〈3723〉（T2（3）：107）

　　□〔亥〕貞：〔王〕□□以茲〔方〕奠于并？在父丁宗彝。

按：句末「在某祖宗彝」一句例，見用於晚期卜辭。「父丁」，即「康丁」，本版定為第四期武乙卜辭。本版的「方」字作 ，屬於晚出字例，而王字卻仍作 ，保留早出的字形。原釋文定為武乙時所卜。

5.〈4355〉（T52（2）：15）

　　（1）辛亥貞：王令 以子方奠于并？在父丁宗彝。

按：和〈3723〉版同辭，應是同時所刻。「父丁」，即「康丁」，本版是第四期武乙卜辭。原釋文亦定為武乙所卜。

6.〈4331〉（T44（3B）：21）

　　（1）乙未貞：于大甲衆？

　　（2）乙未貞：其衆自上甲十示又三：牛；小示：羊？

　　（3）乙未貞：于〔父〕丁衆？

按：「自上甲十示又三」，指上甲和大乙、大丁、大甲、大庚、大戊、仲丁、祖乙、祖辛、祖丁、小乙、武丁、祖甲，共十三個直系大宗。另外獨立祭拜的「父丁」，即「祖甲」之子「康丁」。如此，本版可定為第四期武乙卜辭。本版的字形，「未」字作 ，「貞」字作 ，「牛」字作 ，「自」字作 ，「又」字作 ，都屬晚出字形，只有「其」字作 ，仍保留早出字例。原釋文亦定為武乙卜辭。

五、第五期帝乙、帝辛時所卜。

1.〈3564〉（M16：34）

　　（1）羽日于祖乙，其袼于武乙宗，王〔受〕又又？弘吉。

按：本版直言「武乙宗」，無疑是第五期帝乙、帝辛卜辭。相對於「王受又（有）又（佑）」的用法，和「裍」字是「召」的繁體，都是晚期卜辭的習用例。而本版字形，「王」字作𐀏，「其」字作𐀏，又是晚出的字例。原釋文亦定為帝乙、帝辛時所卜。

　　總上《屯南》39 版可提供斷代規範的定點卜骨，分見於：

　　第一期　2 例。分佈在 H92、T31。

　　第二期　5 例。分佈在 H24、H57、T2、T23。

　　第三期　25 例。分佈在 H2、H17、H23、H24、H57、H58、H75、H80、H103、M13、M16、T22、T52、T55。

　　第四期　6 例。分佈在 H23、T2、T52、T44。

　　第五期　1 例。分佈在 M16。

這些卜骨斷代標準器的量的自然浮現，也權作為《屯南》甲骨刻寫時間的分佈比例。由此，可以判斷《屯南》甲骨的發生時間，是由第一期延續至第五期，而集中在第二至四期之間。其中又以屬第三期廩辛、康丁時所卜，是《屯南》甲骨刻寫的最高峰。

　　五期斷代可供進一步系聯的相關文例，大致歸納有：

　　第一期：「干支卜，某貞」（「某」屬武丁時史官名）。

　　第二期：「干支貞」、「干支卜」、移位句、歲祭、選貞卜辭、「叀若干牲」。

　　第三期：「干支卜」、移位句、選貞卜辭、「叀若干牲」、「王受佑」、「叙燹」。

　　第四期：「干支卜」、「干支貞」、「在某祖彝」。

　　第五期：「王受有佑」、「于某祖宗」。

總上所述的 39 版卜骨，可作為《屯南》五期斷代依據的出發點，其中的第三、四、五期定點卜骨，更是確鑿的可靠資料，足供研治甲骨斷代的參考。

附三：《小屯南地甲骨》同版異形和同坑異形研究
——評字形並非甲骨斷代分組類的絕對標準

一、前言

　　1973 年 3 月至 8 月、10 月至 12 月，中國科學院考古研究所安陽工作隊先後兩次在河南安陽小屯村南公路旁進行考古發掘，共開探方 21 個，總面積 430 平方米，出土卜甲、卜骨 7150 片，其中的卜甲 110 片，有刻辭的 60 片；卜骨 7040 片，有刻辭的 4761 片。[1] 1980 年 10 月中國科學院考古所出版《小屯南地甲骨》（簡稱《屯南》）上冊拓片部分，公佈經綴合的刻辭 4589 張，和經采集的 23 見於附錄。[2] 負責整理甲骨的「蕭楠」（劉一曼、溫明榮、曹定雲、郭振祿）在書的前言，根據甲骨刻辭出土的地層、坑位和共存陶器的關係，將這批甲骨的斷代定為早期的武丁前後、中期的康丁、武乙、文丁時代，和晚期的進入帝乙時代。其中判定《屯南》的自組卜辭與武丁時代王卜辭的賓組時間相約，午組卜辭確認為自組卜辭稍晚的武丁時代，但屬於非王卜辭一類。這兩點意見基本上取得學界的認可。然而，蕭楠判定為康丁、武乙、文丁甲骨的所謂第三、四期卜辭[3]，盡管附和的有陳煒湛[4]、張永山[5]、羅琨、林小安[6]、常玉芝[7]等學人，但卻與李學勤、裘錫圭、林澐、黃天樹等主流學術意見相違背。後者將這批中晚期甲骨的大部，特別是稱作「歷組卜辭」的一類，由武乙、文丁前移置於武丁晚期朝祖庚時期。自此，「歷卜辭」究竟是屬於第一二期抑或第四期的甲骨，迄今仍是學界爭執不休的公案。

　　蕭楠認為甲骨屬於晚期卜辭的絕對立論，主要是據考古陶器形制對比、地層和坑位。《屯南》的歷貞卜辭，只見於中晚期灰坑，而絕不見於早期灰坑。但是，早期的甲骨理論上可以保留至中晚期之後才儲置於坑中，卜辭和地層的時代不見得是完全一致的，單憑地層和坑位仍無法完全取信於人。蕭楠等復針對《屯南》大量已

---

[1]　參〈1973 年安陽小屯南地發掘簡報〉，蕭楠著《甲骨學論文集》13 頁，中華書局，2010 年 7 月。

[2]　中國社會科學院考古所編《小屯南地甲骨》，中華書局，1980 年 10 月。

[3]　蕭楠〈論武乙、文丁卜辭〉、〈再論武乙、文丁卜辭〉，文見蕭著《甲骨學論文集》48 頁、103 頁。

[4]　陳煒湛〈歷組卜辭的討論與甲骨文斷代研究〉，文見陳著《甲骨文論集》83 頁，上海古籍出版社，2003 年 12 月。

[5]　羅琨、張永山〈論歷組卜辭的年代〉，《古文字研究》第三輯，中華書局。

[6]　林小安〈再論歷組卜辭的時代〉，文見《故宮博物院院刊》2000 年第一期總第 87 期 8 頁。

[7]　常玉芝《殷墟甲骨斷代標準評議》46 頁，中國社會科學出版社，2020 年 12 月。

見於武丁卜辭的人名、附庸族名、婦名、事例，率以「異代同名」的角度來解釋，恐亦未能杜悠悠之口。相對的，李、裘等用字體和事例來證明「歷組卜辭」屬於早期，其後林澐復一再強調「字體是科學分類的唯一標準」[8]。其中所歸納字體的標準：「歷組卜辭的字形一般比較大，書法比較恣肆，不像賓組卜辭的大字那麼秀麗整飭」[9]、「這種卜骨字大而細勁」[10]。同是「歷組卜辭」，又細分「歷組一A類字體較小，筆劃纖細圓轉」、「歷組一 B 類筆劃較細，字體較大」、「歷組二 A 類字體清秀窄長」、「歷組二 B 類筆劃較細，字體瘦勁。另一類字體較粗，書體散亂」、「歷組二 C 類字體較大，筆劃較粗」[11]，這些敘述語言都流於主觀的感知判斷，不易落實在真正的科學分類。字形筆畫的粗細或風格實無法作為斷代或分組類的絕對標準。

審視《屯南》甲骨，出現有同版異形以至同坑異形的字例甚眾，這些例子一次又一次的證明，無論是字體、書風、筆序，或是結構的歸類，只能是文字縱線演變的相對定點參考，並不足以作為判定甲骨文字必屬於早期抑或是晚期的「唯一準則」。本文嘗試全面對比觀察《屯南》甲骨在同版和同坑的異體字，證明單憑字形的細分，實不足以作為甲骨斷代和區分組類的依據。

二、《屯南》甲骨的同版異形現象

《屯南》在同一版甲骨之中，有見同一字出現不同的書寫形構和方式。這些異形見於同版，甚至有在同套或同組對貞之中，彼此自是在同一時空的書寫。這反映書手在寫字上的隨意和不穩定。

同版異形主要可區分：更易意符、增省部件、顛倒部件、正訛部件、增省筆畫、調整結構、改變筆序、筆畫長短不同、單複筆之別、漏刻等十類現象。分述如次：

1.更易意符

凡 2 例。同版異形有改換全然不同的表意部件，但例並不多見。目前明顯而習見的只有：災、吉兩個字例。

8　林澐〈小屯南地發掘與殷墟甲骨斷代〉，文見《古文字研究》第九輯，中華書局，1984 年。又參林著〈無名組卜辭中父丁稱謂的研究〉，文見《古文字研究》第十三輯，中華書局，1986 年。

9　裘錫圭〈論“歷組卜辭”的時代〉，《古文字研究》第六輯，中華書局，1981 年。文又見《裘錫圭學術文集》第一冊 92 頁，復旦大學出版社，2012 年 6 月。

10　李學勤〈論婦好墓及有關問題〉，《文物》1977 第 11 期。

11　見李學勤、彭裕商著《殷墟甲骨分期研究》第四章〈殷墟王卜辭的時代分析〉。上海古籍出版社，1996 年 12 月。

a.災。

「災」字有从戈和从水兩系統的字形，字的本義一是兵災、一是水災。《屯南》見二字形同版互用例：

　　〈660〉作：✝、〣

　　〈2172〉作：✝、〣、〣

　　〈2323〉作：✝、✝、〣

《屯南》甲骨「災」字形在同版中並不固定，同屬水災形的，有增省水紋，如〈2178〉作〣、〣、〈2306〉作〣、〣；同屬兵災形的，有增省从戈的橫筆，如〈2386〉和〈4073〉分別有✝、✝二形。「災」字另見有兵災字形省聲符橫筆，訛从屮，如〈3666〉的✝；有水災字形省聲符作〣〈4327〉、〣〈4447〉；有兵災字形全省意符作中〈1128〉；有聲符移位作✝〈298〉；有意符「戈」改从「斤」作✝〈344〉。

b.吉。

「吉」字有从橫置的斧戉形和倒置的戈頭形二大類，表示兵器解下並置放於容器之中，強調不動干戈，引申為吉祥的用法。兩系統的「吉」字形其後有混同从「士」。「士」符似是由斧戉的「王」形由複筆簡化為單筆而來的。同版異形例：

　　〈678〉作：𠮷、𠮷

　　〈743〉作：𠮷、吉

此外，同版中更易形近或意近的部件，另還有三例：

　　〈4516〉受字作𠬪、𠬪，見从爪、从手形在同版同字互用。

　　〈2682〉杏字作𣏧、𣏧，見字下从的方形和圓形部件混同，圓形似作日形。

　　〈1122〉伊字作伊、伊，見从人、从卩在同版同字互用。

2.增省部件

凡 8 例。同版同字異形的增省關係，見於個別部件的全形。其中增加的有屬重疊的或次要的部件，省減的亦只是較次要的部件。這種增省變化並不影響全字構件要表達的意義。例：

　　〈496〉翌字作〣、〣；有增从日。

　　〈606〉奠字作〣、〣；有增从示。

　　〈663〉畢字作〣、〣；有增从隹。

　　〈636〉盤字作〣、〣；有增从几。

　　〈2688〉囚字作〣、〣；有增从卜。

　　〈618〉羍字作〣、〣；〣。字上从米，有省米形下的三點，以求部件的平齊美觀；也有全省米而增从示，強調由登獻的內容轉而為登獻的對象，此字例亦可以

補入上述「更易意符」例中。

〈644〉耂字作 𭐨、𠃊；有省止。

3.顛倒部件

凡 3 例。同版異形字例僅見「止」符和「勹」字字形上下位置的顛倒，反映文字書寫仍殘留隨意和不固定的狀態。例：

〈756〉止字作 𝌆、𝖯

〈742〉耂字作 𭐨、𭐨

〈1102〉「鼞牛」的勹字作 𝘤、𝀟

4.正訛部件

凡 10 例。同版同字中的部件，有因形近而誤書的特例，例：

〈755〉牢字作 𝌅、𝌅；〈4347〉牢字作 𝌅、𝌅。从牛部件訛作木形。

〈610〉牢字作 𝌅、𝌅；相同的同版異形見〈817〉、〈2364〉。从牛部件訛作倒人的屰形。

〈484〉旬字作 𝀟、𝀟；相同的同版異形見〈457〉。旬字訛作云。

〈2667〉沈字作 𝌆、𝌆。从牛部件亦訛作屰。

〈135〉乘字作 𝌆、𝌆。从大部件訛作入形。

〈4583〉先字作 𝌆、𝌆。从止部件訛作心形。

5.增省筆畫

凡 22 例。同版甲骨同字見有增省一些不能獨立、屬於次要的筆畫，且不影響全形意義的異形。這種個別筆畫的增省變化，有：

a.增省橫筆。例最普遍：

〈606〉其字作 𝌆、𝌆

〈2861〉其字作 𝌆、𝌆

〈740〉叀字作 𝌆、𝌆

〈771〉叀字作 𝌆、𝌆

〈3731〉叀字作 𝌆、𝌆

〈636〉用字作 𝌆、𝌆

〈610〉吉字作 𝌆、𝌆

〈1091〉用字作 𝌆、𝌆

〈774〉子字作 𝌆、𝌆

〈740〉商字作 𝌆、𝌆

〈856〉歲字作 𝌆、𝌆

〈997〉往字作 𝌆、𝌆

〈1054〉田字作▯、▯

〈457〉田字作▯、▯、▯

〈1047〉壴字作▯、▯

〈1055〉麃字作▯、▯

〈2707〉祖字作▯、▯

〈2845〉貞字作▯、▯

b.增省豎筆。例：

〈961〉燎字作▯、▯

c.增省虛點。例：

〈726〉燎字作▯、▯

d.增省 H 符。例：

〈4516〉歸字作▯、▯

e.增省 X 符。例：

〈4516〉子字作▯、▯

6.調整結構

凡 20 例。這和文字書寫的風格和習慣有一定的關聯。同版異形的主體結構不變，但局部筆畫的書寫有所改動。

a.尖頭/平頭

〈421〉貞字作▯、▯

〈484〉貞字作▯、▯

〈935〉貞字作▯、▯

b.單斜筆/交叉書寫

〈618〉叀字作▯、▯

c.斜筆/曲筆

〈734〉未字作▯、▯

〈1055〉餗字作▯、▯

d.斜筆/橫書

〈815〉㞢字作▯、▯

〈2174〉叀字作▯、▯

〈323〉叀字作▯、▯

e.橫書/弧筆

〈2172〉王字作▯、▯

f.曲筆/浪筆

〈728〉每字作 [字形]、[字形]

g.分書/連筆

〈679〉吉字作 [字形]、[字形]

〈812〉吉字作 [字形]、[字形]

h.單筆/三角形

〈8〉王字作 [字形]、[字形]

〈644〉不字作 [字形]、[字形]

i.平列/突出書寫

〈8〉雨字作 [字形]、[字形]

〈2174〉雨字作 [字形]、[字形]、[字形]

〈2966〉雨字作 [字形]、[字形]、[字形]

〈3183〉雨字作 [字形]、[字形]

j.平底/尖底

〈2861〉其字作 [字形]、[字形]

7.改變筆序

凡 10 例。與上述「調整結構」一項相類似，但主要是書寫筆序和運筆習慣由常態過渡至特殊寫法的差異，字的形體並沒有明顯的不同。例：

a.兩斜筆→橫筆

〈657〉牛字作 [字形]、[字形]，相類的同版異形見〈608〉、〈3673〉

〈2297〉牢字作 [字形]、[字形]

〈2170〉告字作 [字形]、[字形]

b.直筆→斜筆

〈4100〉酚字作 [字形]、[字形]

c.起筆連書的位置不同。

〈2618〉从字作 [字形]、[字形]

d.橫筆→兩斜筆

〈4516〉子字作 [字形]、[字形]

e.斜筆分書→斜筆連書

〈2756〉貞字作 [字形]、[字形]

f.橫畫獨立書寫→橫畫連直筆

〈2172〉其字作 [字形]、[字形]

8.筆畫長短不同

凡 3 例。同版異形的筆劃佈局，由方正平齊而改為外突的寫法。這似是文字書

寫隨意或求字形變化美觀的差別。

〈985〉庚字作 ![字形]、![字形]

〈1119〉庚字作 ![字形]、![字形]

〈2105〉亥字作 ![字形]、![字形]

9.單筆、複筆之別

凡 2 例。同版異形在於筆畫的單線和雙鉤的差異。一般是由雙鉤書寫簡省做單筆的形體。例：

〈935〉午字作 ![字形]、![字形]

〈2707〉�[字形]字作 ![字形]、![字形]

過去的經驗，午字作 ![字形]、![字形] 形分別屬於早、晚期卜辭的斷代字例，《屯南》的同版互見無疑模糊了這種文字時限二分的說法。

10.漏刻

凡 3 例。同版異形見屬於書寫上的筆劃疏漏。例：

〈1118〉宰字作 ![字形]，有漏書羊耳作 ![字形]。同版的牢字作 ![字形]，復有漏書牛首作 ![字形]。

〈4465〉庚字作 ![字形]，有漏橫筆作 ![字形]。

歸納上述十項《屯南》同版異形多達 85 組個案，同版字形書寫的差異以「增省筆畫」、「增省部件」、「調整結構」三項為主，其次是寫錯字的「正訛部件」和不固定書寫的「改變筆序」例。而其中有明顯字形改易的「更易意符」例常見的只有 2 個字例。

分析《屯南》甲骨的同版異形字例，反映殷文字的筆畫、書寫順序、書寫風格，甚至是對於字的次要部件要求都不穩定，這和當日書寫字形並不被嚴格要求有關。然而，換一個角度來看，這批文字的主要結構已經有固定而明確的辨識組合，代表《屯南》甲骨已是一批成熟書寫的文字。其中筆畫結構較繁複、或較罕有不常出現的字，其字形基本上都沒有特別的變化，理論上只有單一種的寫法；而舉凡有異形的，一般都屬於普通的常用字。《屯南》文字筆畫書風的自由調整，或只是刻工隨意書寫、避重的結果。

學界過去曾提出斷代分期的甲骨字例，如：王作 ![字形]、![字形]，不作 ![字形]、![字形]，歸作 ![字形]、![字形]，貞作 ![字形]、![字形]，午作 ![字形]、![字形] 等，這些筆畫和結構的差異，一般會認為有早晚期或不同組類的區別，但卻都出現於《屯南》甲骨的同版書寫，且並不是孤證。明顯的，這些同版的異形字例，只能視作同時、同區域，甚至同刻工書寫的文字。因此，文字字形可以提供文字流變先後的一個參考佐證，但不可能一刀切的用作判別時期或組類的「絕對」和「唯一」標準。

三、《屯南》甲骨的同坑異形現象

　　《屯南》甲骨是由小屯南地 21 個相鄰探方中發掘所得，我們嘗試以同坑為單位，觀察甲骨字形之間的異同。以下，抽取《屯南》214 組甲骨在同坑中異版異形的字例，作為分析的依據。同坑異版異形甲骨取樣的準則，是以同一坑盡可能出土定點相距接近者或相互堆疊者為原則。換言之，同坑異版的刻寫時間理論上是相當或相約的。

　　同坑異版異形可分：更易意符、增省部件、更易次要部件、正訛部件、調整結構、增省筆畫、筆序不同、單複筆之別等八項現象。分述如次：

1.更易意符

　　《屯南》甲骨的同坑異版同字的異形，屬主要意符部件的更替。字例並不常見，目前觀察亦僅有「災」、「吉」二字，但有多達 23 組可供對比的字例。

a.災。

　　「災」字同坑異形見於《屯南》5 個探坑之中，可羅列 7 組相關的字例。字從水、從戈部件互易。二字分別原指水災和兵災意，都從才聲。字甚至有直接寫作「川」，省略聲符。例：

　　H17（H 指灰坑；下同）的𤽸〈648〉、𢦏〈659〉。

　　H48 的𤽸〈2157〉、𢦏〈2152〉。

　　H50 的𤽸〈2182〉、𢦏〈2180〉。

　　H57 的𤽸〈2301〉、𢦏〈2319〉；𤽸〈2405〉、𢦏〈2408〉；𤽸〈2440〉、𢦏〈2430〉。

　　T53（T 指探方）的川〈4447〉、𤽸〈4476〉、𢦏〈4452〉。

b.吉。

　　「吉」字的異形出現在 12 個探坑中，可整理出 16 組字例。字從橫置的斧戉形和從直豎的戈頭形互易。字象安置干戈於容器之中，示不動武，休養生息，轉生吉祥平安意。從「王」形的橫置斧戉有進一步由雙鉤演變成單線的「士」形書寫。例：

　　H2 的吉〈105〉、吉〈114〉；吉〈211〉、吉〈212〉；吉〈329〉、吉〈322〉；吉〈443〉、吉〈450〉。

　　H3 的吉〈517〉、吉〈515〉、吉〈510〉。

　　H17 的吉〈625〉、吉〈637〉。

　　H24 的吉〈1528〉、吉〈1517〉。

　　H50 的吉〈2163〉、吉〈2168〉。

H58 的 ⬚〈2500〉、⬚〈2499〉。

H84 的 ⬚〈2574〉、⬚〈2570〉。

H94 的 ⬚〈2666〉、⬚〈2665〉。

H103 的 ⬚〈2729〉、⬚〈2726〉。

M13（M 指墓；下同）的 ⬚〈3284〉、⬚〈3282〉；⬚〈2998〉、⬚〈2990〉。

T44 的 ⬚〈4337〉、⬚〈4339〉。

T53 的 ⬚〈4506〉、⬚〈4495〉。

以上諸不同坑位之中，發現在相鄰甲骨而同一文字的主要部件有更易的現象。這反映出同一時間的文字會有不同的書寫字體。但由於改換意符的異形字例僅有「災」、「吉」兩個，且都屬常用字，反證殷人書寫的甲骨文字字形基本已是固定而一致的。這種更易變化，只停留在極少數的字例之中。

2.增省部件

《屯南》在同坑異形中有增省獨立的次要部件，凡 9 坑 8 字（翌、囚、昇、燎、乍、餗、戈、冓）總 18 組字例：

H2 的翌字作 ⬚〈214〉、⬚〈258〉，增从日；囚（禍）字作 ⬚〈122〉、⬚〈121〉；⬚〈176〉、⬚〈177〉，上增从臼。

H3 的翌字作 ⬚〈496〉、⬚〈508〉，增从日。

H17 的昇字作 ⬚〈606〉、⬚〈618〉，增从示；燎字作 ⬚〈639〉、⬚〈658〉，增从火；翌字作 ⬚〈594〉、⬚〈587〉，增从立聲。

H24 的乍作 ⬚〈1219〉、⬚〈1249〉，上增衣的縫線；囚字作 ⬚〈956〉、⬚〈947〉；⬚〈1493〉、⬚〈1496〉，增从臼；餗字作 ⬚〈1055〉、⬚〈1072〉，增省从手；戈字作 ⬚〈1026〉、⬚〈1128〉，省戈。

H65 的囚字作 ⬚〈2525〉、⬚〈2522〉，增从卜。

H103 的翌字作 ⬚〈2715〉、⬚〈2716〉，增从日。

M13 的冓字作 ⬚〈2926〉、⬚〈2966〉，增从辵；囚字作 ⬚〈3056〉、⬚〈3090〉，增从卜。

T21 的囚字作 ⬚〈3855〉、⬚〈3911〉，增从卜。

T54 的冓字作 ⬚〈4427〉、⬚〈4453〉，增从辵。

以上的同坑異形例，一般以形意字的增意符為主，其中又以常見字的囚、翌、冓字為最多；形聲字增聲符（翌）和省簡意符（戈），各只有一例。這種增意符例，見文字趨繁的傾向，也有屬文字的增形別義，以求區隔字義的功能，這亦是書手追求文字美觀的心理落實。

3.更易次要部件

同坑異形僅屬改變文字中次要部件偏旁的關係，凡 11 坑 4 字（翌、羌、䜌、寧）13 組的字例：

H2 的羌字作〈220〉、〈313〉。

H3 的翌字作〈495〉、〈496〉。

H11 的羌字作〈606〉、〈628〉；䜌字作〈663〉、〈923〉。

H13 的羌字作〈725〉、〈739〉。

H24 的寧字作〈930〉、〈1053〉。

H57 的翌字作〈2329〉、〈2341〉；〈2386〉、〈2351〉。

H61 的翌字作〈2494〉、〈2505〉。

H85 的翌字作〈2617〉、〈2618〉。

H103 的翌字作〈2713〉、〈2718〉。

M13 的翌字作〈3027〉、〈3018〉。

M16 的羌字作〈3562〉、〈3545〉。

以上同坑異形字例，其中是主要部件相同，只有次要意符之間的互換。字例主要見「羌」字頸項所从繫縛絲繩形狀的差異，「䜌」字下坎穴从凵从口的更替，「寧」字从丂从乎的不同。另見「翌」字从屬聲符（立）和意符（日）的更易。這些次要部件的更易，只集中在少數字例之中。

4.正訛部件

同坑異形的差異，在於部件的形近誤書。凡 6 坑 9 組（牢、𢦏、羌、令、庚、大、告、翌、燎）字例：

H2 的牢字作〈41〉、〈36〉，从牛誤作屰形；𢦏（災）字作〈48〉、〈298〉，聲符「才」誤作屮。

H7 的羌字作〈567〉、〈565〉，从人頸項的繩索誤作又。

H24 的令字作〈935〉、〈965〉，从倒口誤省作入；庚字作〈1051〉、〈1099〉，字上二斜筆誤作屮形。

H50 的大字作〈2219〉、〈2215〉，誤作冰形；告字作〈2227〉、〈2193〉，上从屮誤作之。

H103 的翌字作〈2713〉、〈2722〉，从立聲誤書為大。

M16 的燎字作〈3571〉、〈3594〉，象燒柴形誤作米形。

以上的同坑異形，字例各僅一見，應屬刻工的人為疏失。一般異形是意符的漏缺筆畫（牢）或增筆（庚）而誤書為另一習見偏旁。偶見聲符缺筆的誤書，如「𢦏」字的才聲誤書為屮，「翌」字的立聲漏書而為大。

5.調整結構

　　同坑異形組合的局部結構筆畫和書寫風格相互有些許的出入。這種異形現象十分普遍，凡 20 坑 58 組字例，彼此的差異在於字形的尖頭和平頭、尖底和平底、三角形和單線、橫筆和斜筆、豎筆和斜筆、增省飾筆、正書和斜體、方形和菱形等細微處的異同，例：

　　H1 的貞字作〔字形〕〈15〉、〔字形〉〈9〉；雨字作〔字形〕〈8〉、〔字形〕〈6〉；不字作〔字形〕〈6〉、〔字形〕〈14〉；庚字作〔字形〕〈19〉、〔字形〕〈22〉；叀字作〔字形〕〈22〉、〔字形〕〈8〉、〔字形〕〈9〉；王字作〔字形〕〈4〉、〔字形〕〈8〉；弗字作〔字形〕〈10〉、〔字形〕〈24〉。

　　H2 的雨字作〔字形〕〈51〉、〔字形〕〈42〉、〔字形〕〈39〉；〔字形〕〈217〉、〔字形〕〈226〉；不字作〔字形〕〈42〉、〔字形〕〈51〉；〔字形〕〈217〉、〔字形〕〈226〉；未字作〔字形〕〈135〉、〔字形〕〈147〉；貞字作〔字形〕〈38〉、〔字形〕〈81〉；擒字作〔字形〕〈352〉、〔字形〕〈300〉；庚字作〔字形〕〈190〉、〔字形〕〈187〉、〔字形〕〈197〉。

　　H4 的于字作〔字形〕〈523〉、〔字形〕〈524〉。

　　H17 的貞字作〔字形〕〈585〉、〔字形〕〈582〉；不字作〔字形〕〈588〉、〔字形〕〈583〉；雨字作〔字形〕〈644〉、〔字形〕〈622〉；叀字作〔字形〕〈642〉、〔字形〕〈651〉、〔字形〕〈639〉。

　　H23 的肜字作〔字形〕〈775〉、〔字形〕〈774〉；不字作〔字形〕〈786〉、〔字形〕〈784〉；雨字作〔字形〕〈765〉、〔字形〕〈745〉、〔字形〕〈786〉；其字作〔字形〕〈735〉、〔字形〕〈734〉、〔字形〕〈736〉。

　　H24 的雨字作〔字形〕〈860〉、〔字形〕〈896〉；〔字形〕〈1294〉、〔字形〕〈1298〉；庚字作〔字形〕〈1051〉、〔字形〕〈1055〉、〔字形〕〈1089〉、〔字形〕〈1099〉。

　　H38 的雨字作〔字形〕〈2088〉、〔字形〕〈2090〉。

　　H47 的巳字作〔字形〕〈2123〉、〔字形〕〈2124〉。

　　H48 的不字作〔字形〕〈2151〉、〔字形〕〈2149〉；庚字作〔字形〕〈2149〉、〔字形〕〈2146〉、〔字形〕〈2157〉。

　　H50 的不字作〔字形〕〈2219〉、〔字形〕〈2224〉。

　　H57 的戌字作〔字形〕〈2300〉、〔字形〕〈2306〉。

　　H58 的日字作〔字形〕〈2482〉、〔字形〕〈2483〉；肜字作〔字形〕〈2483〉、〔字形〕〈2482〉。

　　H65 的雨字作〔字形〕〈2525〉、〔字形〕〈2526〉。

　　H85 的雨字作〔字形〕〈2584〉、〔字形〕〈2590〉；〔字形〕〈2627〉、〔字形〕〈2623〉；未字作〔字形〕〈2628〉、〔字形〕〈2630〉；庚字作〔字形〕〈2632〉、〔字形〕〈2630〉；酉字作〔字形〕〈2630〉、〔字形〕〈2632〉。

　　H99 的不字作〔字形〕〈2693〉、〔字形〕〈2692〉；雨字作〔字形〕〈2692〉、〔字形〕〈2693〉。

　　H103 的不字作〔字形〕〈2743〉、〔字形〕〈2739〉；雨字作〔字形〕〈2739〉、〔字形〕〈2743〉。

　　M9 的王字作〔字形〕〈2845〉、〔字形〕〈2851〉；擒字作〔字形〕〈2851〉、〔字形〕〈2857〉；未

字作🜚〈2858〉、🜚〈2861〉。

　　M13 的不字作🜚〈2966〉、🜚〈2926〉；雨字作🜚〈2926〉、🜚〈2966〉；🜚〈3171〉、🜚〈3183〉；貞字作🜚〈3128〉、🜚〈3113〉。

　　M16 的雨字作🜚〈3576〉、🜚〈3577〉；酉字作🜚〈3581〉、🜚〈3580〉。

　　T53 的王字作🜚〈4514〉、🜚〈4510〉；🜚〈4429〉、🜚〈4437〉、🜚〈4447〉；不字作🜚〈4514〉、🜚〈4518〉；酉字作🜚〈4477〉、🜚〈4514〉。

　　以上大量的異形字例，差別都在一些筆畫的細微調整，而在同一坑前後版塊的同字中有多達三種以上的寫法。特別是大量版號相鄰近的甲骨，都有出現異形現象，彼此儲存在坑內的時間按理不會相差太遠。《屯南》亦偶見字形整個調整的特例，如 T54 的「貞」字作🜚〈4476〉，又見作🜚〈4514〉；二貞字取象鼎形的演化，一已進入線條化的固定筆畫，一仍保留濃厚的圖畫意味。

6.增省筆畫

　　同坑的字形異體一般只在簡單橫畫的增損，亦多屬常見字，如：其、貞、王、雨、庚、酉、不等是。有過去以為是斷代的標準字例，如「王」、「不」、「其」的增省上橫筆，「未」字的單枝和重枝的書寫，「庚」字的單組和雙組斜筆，「牢」字從羊的增省中橫，「申」字象電光分枝的增省筆，都見於《屯南》同坑前後堆疊甲骨中的書寫，彼此不見得有一刀切的斷代或分域分組類的區別。下引多達 26 坑 73 組字例：

　　H1 的其字作🜚〈9〉、🜚〈10〉。

　　H2 的其字作🜚〈39〉、🜚〈42〉；🜚〈208〉、🜚〈257〉；王字作🜚〈29〉、🜚〈28〉；🜚〈419〉、🜚〈358〉；雨字作🜚〈42〉、🜚〈39〉；貞字作🜚〈28〉、🜚〈56〉；子字作🜚〈48〉、🜚〈38〉；方字作🜚〈38〉、🜚〈81〉；未字作🜚〈135〉、🜚〈147〉；俎字作🜚〈76〉、🜚〈93〉。

　　H3 的其字作🜚〈495〉、🜚〈514〉；王字作🜚〈486〉、🜚〈491〉。

　　H5 的冓字作🜚〈458〉、🜚〈528〉。

　　H17 的其字作🜚〈618〉、🜚〈606〉；告字作🜚〈580〉、🜚〈656〉；更字作🜚〈642〉、🜚〈639〉；岳字作🜚〈644〉、🜚〈622〉。

　　H23 的其字作🜚〈735〉、🜚〈734〉；王字作🜚〈774〉、🜚〈776〉；雨字作🜚〈763〉、🜚〈745〉。

　　H24 的令字作🜚〈935〉、🜚〈965〉；用字作🜚〈1089〉、🜚〈1090〉；庚字作🜚〈1089〉、🜚〈1055〉；告字作🜚〈1024〉、🜚〈1050〉；方字作🜚〈1126〉、🜚〈1209〉；王字作🜚〈1263〉、🜚〈1271〉；🜚〈1074〉、🜚〈1067〉；燎字作🜚〈969〉、🜚〈961〉。

　　H39 的王字作👤〈2100〉、👤〈2107〉；岳字作👤〈2105〉、👤〈2107〉。

　　H47 的王字作👤〈2113〉、👤〈2114〉；酉字作👤〈2127〉、👤〈2122〉。

　　H48 的庚字作👤〈2149〉、👤〈2157〉。

　　H57 的王字作👤〈2260〉、👤〈2256〉；田字作👤〈2273〉、👤〈2260〉；辛字作👤〈2300〉、👤〈2306〉；歲字作👤〈2364〉、👤〈2361〉；告字作👤〈2378〉、👤〈2366〉；其字作👤〈2406〉、👤〈2405〉。

　　H58 的其字作👤〈2484〉、👤〈2489〉。

　　H83 的王字作👤〈2564〉、👤〈2561〉；告字作👤〈2563〉、👤〈2561〉。

　　H85 的其字作👤〈2610〉、👤〈2608〉；王字作👤〈2618〉、👤〈2617〉；未字作👤〈2628〉、👤〈2630〉；不字作👤〈2629〉、👤〈2628〉；酉字作👤〈2632〉、👤〈2630〉。

　　H86 的王字作👤〈2642〉、👤〈2640〉。

　　H95 的雨字作👤〈2692〉、👤〈2693〉。

　　H99 的其字作👤〈2693〉、👤〈2688〉。

　　H103 的其字作👤〈2707〉、👤〈2708〉；翌字作👤〈2713〉、👤〈2722〉。

　　M9 的貞字作👤〈2837〉、👤〈2836〉；王字作👤〈2845〉、👤〈2851〉；其字作👤〈2854〉、👤〈2852〉；未字作👤〈2858〉、👤〈2861〉；燎字作👤〈2860〉、👤〈2836〉。

　　M13 的其字作👤〈3002〉、👤〈3001〉；👤〈3107〉、👤〈3110〉；宰字作👤〈3083〉、👤〈3088〉；往字作👤〈3202〉、👤〈3208〉。

　　M16 的更字作👤〈3563〉、👤〈3567〉；酉字作👤〈3583〉、👤〈3581〉。

　　T2 的其字作👤〈3736〉、👤〈3742〉。

　　T44 的酉字作👤〈4328〉、👤〈4330〉。

　　T52 的其字作👤〈4404〉、👤〈4413〉；王字作👤〈4514〉、👤〈4510〉。

　　T53 的王字作👤〈4429〉、👤〈4437〉；不字作👤〈4514〉、👤〈4518〉。

　　T54 的告字作👤〈4545〉、👤〈4544〉；其字作👤〈4483〉、👤〈4476〉；申字作👤〈4513〉、👤〈4511〉。

　　透過以上同坑中眾多鄰近疊壓甲骨的關係，可見這些增省筆畫的異形字理應是同時或相約時間所書寫的文字，而且是十分普遍的現象。它們的形構差異不存在時間或空間的問題。因此，「字形」自然不能作為甲骨斷代和分組類的絕對標準。

7.筆序不同

　　文字筆畫次序先後的差異，是文字書風的美觀問題，也是文字結構判斷的參

考。《屯南》同坑異形見 12 坑 9 字例凡 18 組，有屬筆序的不同，常見字如：不、庚、牛、告等例：

H1 的不字作 T〈6〉、不〈3〉。

H2 的庚字作 甬〈56〉、甬〈37〉、甬〈135〉；牛字作 ψ〈202〉、ψ〈210〉；自字作 㚬〈42〉、㚬〈82〉。

H17 的庚字作 甬〈610〉、甬〈606〉；告字作 凷〈580〉、凷〈656〉。

H48 的子字作 凷〈2149〉、凷〈2189〉。

H50 的牛字作 ψ〈2193〉、ψ〈2183〉；告字作 凷〈2198〉、凷〈2227〉；子字作 凷〈2198〉、凷〈2230〉。

H57 的告字作 凷〈2378〉、凷〈2366〉。

H83 的告字作 凷〈2563〉、凷〈2561〉。

H85 的牛字作 ψ〈2617〉、ψ〈2615〉。

H95 的子字作 凷〈2670〉、凷〈2672〉。

H99 的牛字作 ψ〈2698〉、ψ〈2699〉。

T2 的庚字作 甬〈3763〉、甬〈3739〉。

T53 的庚字作 甬〈4477〉、甬〈4480〉；戊字作 丬〈4477〉、丬〈4476〉。

以上書寫筆序各異的異形，出現於同一坑相距不遠的甲骨，過去有認為屬於斷代或組類差異的區分，如：「庚」、「自」、「戊」等不同字形，目前看，這種區隔恐怕並不是絕對的。

8.單筆複筆的差別

《屯南》同坑異形，有作單筆和雙鉤書寫，特別是進一步化點為橫的現象，是經由雙鉤的圓狀書寫，經填實為小點，再轉為短橫或消失的流程。凡 6 坑 6 個字例，主要只見於常見字例「午」：

H2 的禦字作 ㄠ〈290〉、㣺〈347〉、㣺〈324〉。

H24 的午字作 ƒ〈1041〉、丨〈1047〉。

H47 的午字作 ƒ〈2118〉、丨〈2124〉。

H48 的午字作 ƒ〈2136〉、丨〈2149〉。

H84 的午字作 丨〈2626〉、丨〈2630〉。

T53 的午字作 丨〈4476〉、丨〈4510〉。

這些由複筆轉作單筆的「禦」「午」異形，過去都認為有明顯斷代分期和分組的區別，但經由同坑並見共出的觀察，應該都只能算是在相約時間曾經共同書寫的異體字。

上述八類多達 218 組的《屯南》「同坑異版異形」字例，出現的量既普遍復積

疊相近，充分證明殷商甲骨常用字例在同時會有不同筆畫和不同書風的自由。其中罕見更易主要意符，而增減或改換次要部件例則趨多，增省細微筆畫和調整書寫風格的字例反而是最為普遍的現象。這和上節討論《屯南》在「同版異形」字例歸納的結果是相同的。由此看來，《屯南》甲骨文字字形主體基本已是固定書寫，屬於一批成熟的文字，只有在次要部件和筆序的簡單調動上存在變化。這種文字異形的增省更易，是在差不多同一時空中進行，並不能視作嚴格斷代分組類的「絕對」標準。近代學人主張純用字形來區分、細分甲骨組類的說法，並不合理，恐值得商榷。

<h2>四、結語</h2>

根據大陸《夏商周斷代工程 1996-2000 年階段成果報告》[12]對殷王世系年數的研究，盤庚遷殷至帝辛（商紂）滅亡，共計 273 年。其中的武丁在位時間最長，多達 59 年，其餘諸王：盤庚、小辛、小乙兄弟三王合計 50 年，祖庚、祖甲、廩辛、康丁二代四王合計 44 年，武乙、文丁二代二王合計 46 年，帝乙、帝辛二代二王合計 56 年。換言之，每王的平均在位時間不過 20 餘年。短短 20 年的時間距離，對於文字發展而言，實不足以呈現明顯字形或書風的差異。而甲骨刻工的書寫，自始又都沒有嚴格的約束規範，一字多形的現象普遍流通。因此，單純由甲骨文字形的輕微結構差異或書風來判斷，其實是很難看出在每一個帝王時期的差別。考量字形的分類，本應從寬而不從細。另就理論言，文字是漸變的，每字的縱線長度各不相同，每字字形的早晚發生時間又各自不同，一字的早出字形可能會和另一字的晚出字形同時，而同一字前後字形的書寫自然有可能會在同版、同坑甲骨中過渡出現。

本文不厭其煩的對應《屯南》同版異形的十類 85 組和同坑異形的八類 218 組字例，交錯論證，明顯發現大量甲骨文字形的不同書寫筆畫、筆序，可以在同時復同空間中進行，甚至有出自同一人的手筆。因此，字形、書風並不能作為判別甲骨時間的主要依據。甲骨斷代分期分組類的關鍵準則，不會在字形的細微筆畫、角度之差異，而仍應繫聯於卜辭間具體文例事例的對比之上。

12　《夏商周斷代工程 1996-2000 年階段成果報告》，夏商周斷代工程專家組編著，世界圖書出版公司，2000 年 11 月。

附四：《選讀》關鍵用詞筆畫索引

二畫

又歲	34、1116、2293、2457
又正	227、2179
又攺	590
又祊	608、1122、3033
又彳伐	750
又彳歲	996、1131、3673
又虢	1055
又于河	1119
又伐	2293
又來禍	2446
又至禍	2525
又希	2446、2525
又禍	2525
又大雨	2623
又飮	2623
又歲	3673、4286
又辰	4178
入商	930

三畫

子祝	16
子至	3124
勿牛	76、631
亡首	994
亡戈	256、619、2172、2370、2531、2711、3011、3027、3759、4301
亡從	2157、2172、4476
亡淵	2172
亡才	1128
亡禍	2525

亡雨　　　　　　2623

于一人　　　　　726

于之　　　　　　2623

下示　　　　　　1115

大示　　　　　　1115、1138

小示　　　　　　1115、4331

乞骨　　　　　　1119

大吉　　　　　　619、624、651、657、1088、2531、2666

大禦　　　　　　1138、2707

大風　　　　　　2257

才果　　　　　　994

才義田　　　　　2179

才升　　　　　　2538

才衣　　　　　　2564

才大甲宗卜　　　2707

才父丁宗彝　　　3723

才河西沘　　　　4489

夕入　　　　　　2383

四畫

升自上甲　　　　2

升歲　　　　　　1088

升用　　　　　　1088

升衁　　　　　　附5

公昇　　　　　　1088

以羌　　　　　　9

以牛　　　　　　9

以方　　　　　　313

以人　　　　　　961

以眾　　　　　　1099

以召方　　　　　1116

以伐　　　　　　1126

以羌　　　　　　2293

以邑　　　　　　　2567

以子方　　　　　　3723

王其每　　　　　　8

王受又　　　　　　129、132、244、738、748、817、1055、1088、2666、2699、
　　　　　　　　　3157、3853、4023、4078

王受又又　　　　　2617、3664

王異　　　　　　　256

王步　　　　　　　923

王阱　　　　　　　923

王賓河　　　　　　1116

王狩　　　　　　　1128

王田　　　　　　　3011

王其田　　　　　　2157、2172、3025、4476

王令尹　　　　　　2342

王令逸　　　　　　4489

王其征人方　　　　2370

王占　　　　　　　2384

王饗　　　　　　　2470

王从　　　　　　　2564

王賓　　　　　　　2623

王血　　　　　　　2707

王其迺　　　　　　2711、4301

王其焚　　　　　　2722

王省田　　　　　　3027

王征　　　　　　　4103

今戌　　　　　　　423、750

今來戌　　　　　　2629

今日　　　　　　　2529

今夕　　　　　　　3744

中日　　　　　　　624

五云　　　　　　　651

五丰臣　　　　　　930

月又戠　　　　　　726

不用　139、890
中彔　2529
収衆　4489
㞢鹿　4511

五畫

用自上甲　9
用牢　930、2699
用由　2538
用黑羊　2623
用皀　2626
用豭　2707
令眾　38
令王族　190
令𨸏　1115
卯牢　657、748、1116、4178
卯牛　750、1138
冬夕　744
出入日　890、1116
召來　1116
召方　4103
左卜　930
北方　1126
弘吉　2179、2617、2699、2711、3564
宁壴　2438
石甲　2671
白豭　2707

六畫

多馬　7
钔召方　38
羽日　590、624、2281、3564
先酌　651、4324
𢀛土方　994

罕兕	1128
罕麋	2626
伐盧	994
伐召方	1099
至禍	1099、3744
竹來	1116
西方	1126
夙入	2383
旬有祟	2446
自南	2446
自東	2446
百工	2525
多宁	2567、3673
戌執	2651

七畫

兌从	8
告于某祖	135、2342
告自大乙	994
告土方	2564
征歲	631
征宗	657
沈牛	732、943
罘雨	744
罘秋	930
即宗	1116
沚或	2438、2564
孚羊	4178

八畫

雨	8、190、256、590、624、644、651、744、1128、2288、2383、
	2471、2525、2623、2663、3567、3613、4286、4304、4324
希召方	190
東方	423、1126

受禾	423、750、2629
受又	1099、4103
曹牢	817
亞吕	961
易日	961
來羌	2179
取魚	2342
吕來	3562

九畫

馬先	8
俎牢	76
俎宰	961
俎牛	1119
追召方	190
省田	619、2257、2383、2531、3759
食日	624、2666
苚雨	644、2438、4304
苚云	2105
舌伐	1099
舌示	1615
南方	1126
祝自中宗祖丁	2281
禣羌由	2538
後彭	4397

十畫

射舌	7、9
射鹿	256
彭彡歲	11、2953
彭彡伐	739
彭彡	313
彭劦	423
彭匚	608

酚牛	1116、1122
酚宰	1122
酚品	3033
酚河	4397
涉滴	256
高罙河	916
茲用	34、619、657、726、890、994、996、1088、1099、1122、1131、2384、2953
茲冊	2623
茲祝	2666
菁雨	2383、2471
陟自高祖上甲	2384
叙燮	3027

十一畫

祭戠	34
昇並酚	68
昇圖酚	657
奉高	132
奉生	750
奉禾	750、911、916、943、2105、2626、3567
奉年	2666、3157
奉鍊	4304
望乘	135
郭兮	624
翌日	2617、2711、4301

十二畫

敦召方	1099
尊鬲	2861
湄日	3759

十三畫

新圖	1088

毀方　　　　　2651

十四畫

遘風　　　　　619、2257、3613
歲牢　　　　　739
歲牛　　　　　890
鼎犬　　　　　附 1

十五畫

暮往　　　　　2283

十六畫

燎牛　　　　　1116、1119
燎牢　　　　　732、726、817
燎豕　　　　　2626
燎宰　　　　　943、1138、3567
燎羌　　　　　961
燎于土　　　　726
盧豕　　　　　附 3

十八畫

燹大示　　　　2、9
燹又彳　　　　313
燹羊　　　　　1116、4023
燹牛　　　　　2707
燹小宰　　　　4023

國家圖書館出版品預行編目資料

小屯南地甲骨選讀

朱歧祥著.– 初版.– 臺北市：臺灣學生，2022.11
面；公分

ISBN 978-957-15-1898-5 (平裝)

1. 甲骨文 2. 研究考訂

792.2 111015217

小屯南地甲骨選讀

著　作　者	朱歧祥
出　版　者	臺灣學生書局有限公司
發　行　人	楊雲龍
發　行　所	臺灣學生書局有限公司
地　　　址	臺北市和平東路一段 75 巷 11 號
劃　撥　帳　號	00024668
電　　　話	(02)23928185
傳　　　眞	(02)23928105
E - m a i l	student.book@msa.hinet.net
網　　　址	www.studentbook.com.tw
登記證字號	行政院新聞局局版北市業字第玖捌壹號
定　　　價	新臺幣四五〇元
出 版 日 期	二〇二二年十一月初版
I S B N	978-957-15-1898-5

79202